Fritz Heinrich Lotterfuchs

Das Ziel vor Augen ist das Brett vorm Kopf

Aphoristisches Tagebuch, philosophischer Spucknapf

Fritz Heinrich L o t t e r f u c h s

Das Ziel vor Augen
ist das Brett vorm Kopf

Aphoristisches Tagebuch,
philosophischer Spucknapf

Bibliographische Information Der Deutschen Bibliothek:
Die Deutsche Bibliothek verzeichnet diese Publikation in
der Deutschen Nationalbibliographie; detaillierte bibliographische Daten sind im Internet abrufbar über
http://dnb.ddb.de

Stark erweiterte Neuauflage

Verlag: BoD · Books on Demand GmbH, In de Tarpen 42,

22848 Norderstedt, bod@bod.de

Druck: Libri Plureos GmbH, Friedensallee 273, 22763 Hamburg

Printed in Germany

ISBN: 978-3-7597-9666-0

INHALT

Für meine Familie

Wissenschaft als Pop-Lit?
Allgemeinbildung oder Perlen vor die Säue?

Biologie im Sprechblasenformat?
Wird Chemie im Kinderzimmer-Labor zur Alchemie?
Ist Umweltjournalismus die Pop-Version
der Klimaforschung?
Philosophie für Nichtphilosophen
oder weltanschauliches Geschwafel?

Ohne populärwissenschaftliche Literatur geht es nicht, wenn jeder einen gewissen Überblick über das fundierte zeitgenössische Weltbild behalten will und niemand Spezialist für alles sein kann. Solche allgemeinverständlichen Darstellungen kultur- und naturwissenschaftlicher Fortschritte fallen notwendig verschieden aus je nach Fassungsvermögen, Interessenlage und Bildungsstand eines Volksschülers, Realschülers, Gymnasiasten oder Akademikers, ohne die in Rede stehenden Sachverhalte ungebührlich zu verflachen.

Zum Glück gibt es anerkannte Experten, die einigermaßen fähig sind, einem interessierten Laien in großen Grundlinien die groben Züge ihres Faches, neue Forschungsschwerpunkte, belastbare Ergebnisse und Nutzanwendungen auf möglichst verlässliche und zugleich unterhaltsame Weise nahe zu bringen. Berühmt geworden ist z. B. die recht leicht lesbare „Kurze Geschichte der Zeit" des englischen Kosmologen

Stephan Hawking, der seiner schweren Körperbehinderung noch erstaunliche wissenschaftliche Hochleistungen abgewinnen konnte und seinem hochtheoretischen Fach zudem beinahe öffentlichen Popstatus zu erwerben wusste.

Inzwischen gibt es auf dem Markt eine Fülle recht gut gehender Pop-Übersetzungen dieser fast arkanesoterischen Astrophysik. Der US-Amerikaner Max Tegmark sucht uns in „Unser mathematisches Universum" von der quantentheoretischen Wahrscheinlichkeit eines Multiversums aus potentiell unendlich vielen Paralleluniversen zu überzeugen, und der Quantentheoretiker Brian Greene war erfolgreich mit „Das elegante Universum". Sogar das Fernsehen bietet seit langem regelmäßig populärwissenschaftliche Dampfplaudereien durchs Weltall und seine mutmaßliche Urgeschichte samt apokalyptischer SF-Zukunft.

Werden in haushohen Detektoren "Gravitationswellen" des Urknalls gemessen oder in Teilchenbeschleunigern das "Higgsteilchen" entdeckt, welches die Welt mit Masse versorgt, ist das jedes Mal wissenschaftsjournalistische Schlagzeilen wert.

Eine Pop-Ikone wurde im 20. Jahrhundert das singuläre Wissenschaftsgenie Albert Einstein : Chaplin wunderte sich, dass jedermann (ausser den Deutschen von 1933) ihn liebe und bewundere, obwohl doch niemand ihn verstehe. Auch Geige spielen konnte er "relativ gut", wie "Neutöner" Arnold Schönberg hören durfte.

Inzwischen bietet selbst das Internet dem geneigten Publikum Auftritte von Fachleuten mit teilweise recht brauchbaren populärwissenschaftlichen Präsentationen ihrer eigenen Spezialfächer und besonderen Spitzenleistungen an, ausführliche wie kurzgehaltenere. Wer nicht lesen mag, kann sehen und hören, was auf fast jedem Wissensgebiet heute so getrieben oder Popper-like falsifiziert wird. Der blutige Laie oder Wissenschaftsdilettant weiß i. A. allerdings nicht, welche bemühten Beiträge da sachgerecht zuverlässig ausfallen.

Wer von einem Sach- und Fachgebiet nur populärwissenschaftlich unterrichtet ist und sein Halbwissen gleich an andere Interessenten weitergeben möchte, ist voraussichtlich weniger vertrauenswürdig als ein ausgewiesener oder gar renommierter Fachmann, der zufällig noch die zusätzliche Gabe besitzt, komplexe Zusammenhänge seines Brotberufs auch dir und mir durchsichtig zu machen, obwohl diese segensreiche Gabe nicht notwendig zu seinen beackerten Forschungsfeldern gehört.

Man muss den Wald vor lauter Bäumen noch sehen – und Hinz und Kunz sicher hindurchführen können. Hard Science in Comics-Figuren geht aber vielleicht einen Schritt zu tief in den Geisteskeller.

Dazu wird der Physiker vor mir keine mathematischen Differentialgleichungen entwickeln, sondern schlagende Metaphern und bildhafte Annäherungen zu nutzen wissen. Wer Tiefsinniges in Sinnliches, abstrakte Begriffe in konkrete Bilder übersetzen kann, vielleicht sogar hohe Gedanken in tiefe Gefühle, hat den gewöhnlichen Sterblichen gleich auf seiner Seite – und manchen Fachkollegen zum naserümpfenden oder neiderfüllten Weglaufen gebracht.

Den Ehrgeiz, ihren nobelpreiswürdigen Ruhm nicht nur vor Konkurrenten ihrer Fachdisziplin zu festigen, haben viele, Glück und Erfolg damit allerdings weniger. Ganze Top-Universitäten wie Harvard und Stanford, Oxford und Cambridge wetteifern mit populärwissenschaftlichem Exhibitionismus ihrer Koryphäen vorm nichtakademischen Wissensproletariat draußen in Lande, ob nun in MINT-Disziplinen, Firmenphilosophien oder umweltanschaulichen Öko-Endzeitszenarien.

Laut Schopenhauer ist Philosophie eine unwissenschaftliche Kunst, laut Husserl eine "strenge Wissenschaft", wenn sie nur "eidetische Wesensschau" betreibe. Wie auch immer:
Wer Hegels „Vorlesungen zur Geschichte der Philosophie" oder den vielbändigen, ständig aktualisierten klassischen „Überweg" zu anstrengend findet, studiert vielleicht lieber Wilhelm Weischedels launige „Philosophische Hintertreppe" oder die amüsante „Kritik der kleinen Vernunft" des Interpretations- und Sportphilosophen Hans Lenk, um auf komische Art ernsthaft denken zu lernen. (Nicht gerade abzuraten wäre auch von Rolf Friedrich Schuetts preiswerter "Philosophiegeschichte in Philosophengeschichten": "Die Liebhaber der Sophie").

Wer es etwas seriöser liebt, greift heutzutage in Deutschland gern zu einem der vielen Werke von Rüdiger Safranski, wenn er nicht eine Niveaustufe tiefer einen pragmatischen R. D. Precht bloggen hört. Safranski schrieb eine ausgezeichnete, nicht für Literaturwissenschaftler gedachte "Romantik" und zahlreiche populärwissenschaftliche, aber fachwissenschaftlich fundierte und genussreich zu lesende Monographien zu Dichtern (Goethe, Schiller, Hoffmann, Hölderlin) und Denkern (Schopenhauer, Nietzsche, Heidegger) - genuin wissenschaftlicher Gehalt in unterhaltsam literarischer Gestalt.

Wer eine auch stilistisch originelle Übersicht zur schönen Literatur sucht, ist gut bedient mit der "Tragischen Literaturgeschichte" des Schweizer Germanisten Walter Muschg, der wohl gerade den ratlosen Laien mehr anspricht als einen fachidiotischen Kunsthistoriker. Und wer unbedingt kunstgerecht dichten will, ohne Literatur zu studieren, mag die gut aufgenommene "Kleine deutsche Versschule" von Wolfgang Kayser immer noch nützlich finden.

Eine noch speziellere Untergattung, irrlichternd zwischen professioneller Philosophie und Literaturwissenschaft, ist z.B. die hierzulande wenig ernstgenommene Aphoristik. Eine reizvolle Einführung bietet da "Die Welt ist voller Sprüche" (Bochum 2010) des weltweit führenden Aphorismusforschers Friedemann Spicker.

Wer Religionswissenschaft oder Theologie für mehr als spiritistischen Hokuspokus hält und sich nicht in den Dschungel der Fachliteratur wagt, greift vielleicht mit Erfolg zu Manfred Lütz: "Der Skandal der Skandale" oder zu Wilhelm Schmidt-Biggemann: "Gott, versuchsweise" oder auch zum Reclam-Heft "Glaube und Vernunft" (Herausgeber Norbert Hoerster).

Inzwischen gibt es schon fachwissenschaftliche Sekundärliteratur zu populärwissenschaftlicher Literatur und umgekehrt, und dieser Essay ist dazu beinahe metadisziplinärer Hypertext. Wir werden aber hier nun nicht hochpedantisch alle Einzelwissenschaften in populärwissenschaftlichen Titeln aufbereiten und ganz verwässern.

Man fragt sich, wie viele Jugendliche durch populärwissenschaftliche Werke oder Internet-Powerpoints wohl zum ernsten Studium der Fachdisziplinen verführt worden sind.

Man weiß, dass der junge Einstein als Mitglied eines unausgebildeten Lesekreises und Debattierclubs zur eigentlichen Physik kam und sogar als bloßer Schweizer Patentamtsangestellter seine bahnbrechenden Aufsätze schrieb, welche das klassische Weltbild des 20. Jahrhunderts grundstürzend auf neue Fundamente stellte, an allen Fachidioten vorbei.

Doch es funktioniert auch umgekehrt : Main alter Naturkundelehrer sagte mal, wenn Physiker alt werden und nichts Neues mehr entdecken, fangen sie an, nur noch wild ins Blaue hinein zu philosophieren.

Aber wer liest populärwissenschaftliche Literatur? Nur die schon Gebildeten sind bildungshungrig genug, solche Bücher zu suchen und zu finden. Das gemeine Volk, also die Mehrheit der gewöhnlichen Sterblichen, versteht von Atomphysik und Gentechnologie viel zu wenig, um deren Chancen und Risiken samt dazugehöriger Politik angemessen beurteilen zu können. Deshalb steckt alle moderne Demokratie in einem konstitutionellen Dilemma : Die Hochindustriegesellschaften werden notwendig beherrscht von Wissenseliten des naturwissenschaftlich-technischen Fortschrittschritts, also von einer Wissensaristokratie, die ihrem Wesen nach antidemokratisch ist, wenn Demokratie die Wahlstimmen nicht gewichtet, sondern nur zählt ohne Ansehen der Person. Der vom investierenden Großkapital abhängige Wissensadel aber verzerrt wie der Geldadel und der Beamtenadel tendenziell jede Laiendemokratie des "Common man".

Kurz : Populärwissenschaft sollte umgangssprachlicher und humorvoller sein als ein Fachbuch, doch auch ungenauer und platter. Diesen (geringen) Preis zahlt man gern.

Im Übrigen ist populärwissenschaftliche Literatur wenig mehr als PR-Reklame von stets geldgierigen Wissenschaftlern in Richtung des doofen Steuergeldpöbels.

Aphoristisches Tagebuch
als Brennnesselspucknapf

André Gide : "Religion und Familie sind
die beiden größten Feinde des Fortschritts."
Das allein spricht gegen den Fortschritt, und
es ist genau andersherum wie Gide selber.

„Herr, erbarme dich!" bat der Sklave die Herren, bevor er den HErrn aller Herren anflehte,
sich dieser Herren nicht mehr zu erbarmen.

Wer im Labyrinth aller Gefängnisküchen
bleiben will, hat sein Abenteuer verpasst.
Doch gründe keine Stadt; jede wird Babylon.

Revolutionäre sind meist Traditionalisten
und Klassenkämpfer oft schon Klassizisten.

Meine Bücher beschreiben mein Bücher-
schreiben; ihre Form als Stil, mich anzuge-
hen, zeigt nicht, wer ich wirklich bin, sondern
sein könnte oder doch hätte werden können.

Der Mensch ist so frei, sich fesseln zu lassen,
doch nicht dazu verurteilt, sich selber frei
zu sprechen.

Canetti bekämpfte die Macht – der anderen. Sein Wille zur Macht stritt wider die Übermacht seiner Mutter – in all seinen Frauen.

Jenseits? Und wenn das ewige Leben der einzige Weg zum Tode wäre – statt umgekehrt?

Pendeln zwischen Tiefgang und Höhenflug ist Leben zwischen Schwermut und Leichtsinn.

Essentials. Philosophie sucht zum Sein die begriffliche Essenz, Aphoristik aber die Quintessenz, die ihr Unwesen treibt.

Platon = Sokrates + Parmenides + Heraklit.
Aristoteles = Platon + Demokrit.
Augustinus = Christus + Platon.
Thomas von Aquin = Christus + Aristoteles.
Kant = Hume + Leibniz.
Hegel = Kant + Aristoteles.
Heidegger = Kant + Kierkegaard.
Adorno = Hegel + Marx + Freud + Nietzsche.

Volksanwaltsdenker : Hegels braver Soldat Schwejk als vernünftige List der Unvernunft.

Möchtegernegroß ist vor Großen nie ratlos.

Was charakterisiert einen Philosophen besser
als sein heißbekämpfter Lieblingsgegner?
Platon versteht man besser von den demo-
kratischen Sophisten her, Hegel von Schlegel
her, Kierkegaard, Schopenhauer, Marx oder
Adorno von Hegel aus, Adorno von Heidegger her, Heidegger von Descartes aus ...

Hegel ächtete den jungen Flegel Schlegel
wie den alten katholischen „Blei-Schlegel":
Ist er nichts als systematischer Antischlegel?

Wer Gott leugnet, will nichts davon wissen,
dass er sich selbst für die absolute Wahrheit
hält, oder leugnet, diese erkennen zu können.

In Kants Dialektik sind Gott, Welt und Seele
unerfahrbare Vernunftideen, die von Hegels
Geist systematisch erkannt, von Schlegels
Esprit nur desultorisch symbolisiert werden.

Hegel sah in Schlegels „frivolem" Persona-
lismus das „absolut Böse", Schlegel in Hegels
Panlogizismus Lord Byrons „Satanismus".

Wer sich für wenig liebenswert hält, hängt
auch ohne große eigene Verliebtheit besonders hingebungsvoll an dem, der ihn liebt.

Ich weiß zu glauben, dass ich zu wissen glaube, und unglaube, den Unglauben zu haben.

Religion, die Gefühle befreit
weil Gedanken bindet, wird Aberglaube.

Du sollst dich mit dir entzweien, um dich
mit deinem göttlichen Wesen zu vereinen.

Kants Verstand und Jacobis Wille wurden
praktisch, Fichtes Vernunft und Schellings
Kunstphantasie subjektiv, rügte Fr. Schlegel.

Wird Sachkritik als persönliche Diffamierung
diffamiert, wäre, was heute als „konstruktive
Kritik" durchginge, zumeist Lobhudelei.

Bei öffentlichen Problemen bin ich wie die
Gaffer bei Verkehrsunfällen. Intellektuelle
stören nur die Spezialisten bei der Arbeit.

Was du dir von meinen Gedanken denken
könntest, denke ich mir gerne still aus.

Manche kinderlosen Paare ziehen nur
die Kinder in ihnen selber groß.

Idealisten. Wirklich ist nur das begriffene und verwirklichte Wesentliche, nicht das greifbar Unwesentliche, das sein Unwesen treibt.

Hilf mir, dir helfen zu können, und ich helfe dir, mir dabei helfen zu wollen.

Alle in der Tretmühle sparen CO_2 und AKW.

Der geschichtstheologische „Blei-Schlegel" nahm schon 1828 Diltheys Lebensphilosophie und Wittgensteins Sprachphilosophie vorweg, mit historischen Geisteswissenschaften gegen Hegels Geistessystem und mit Vielvölker-reich-unter-einer-Religion, aber passte sein papistischer Ständestaat zu seinem republika-nischen Anti-Antisemitismus?

Ein zweifelhaftes Individuum ohne Sklaven und Stallgeruch, Vorgesetzte und Hinter-männer ist eine transzendentale Idee.

Ein Desiderat ist die Verbindung von Friedr. Schlegels „Athenäum" und „Concordia" in fragmentiert *Philosophischen Wanderjahren*, einem work-in-progress, das nur durch den Tod des Autors seinen logischen Schluss hat.

Mit bürgerlicher Subjektivität vereinte Hegel
eher Platon und Fr. Schlegel eher Aristoteles:
Bleiben Ideen im proletarischen Individuum
nur philosophische Utopien? Sklaven bearbei-
ten physische Dinge mit physischen Körpern,
solange sie nicht Metaphysiker sind mit der
relativen Idee absoluter Wahrheit. Ein „nach-
metaphysisches Denken" ist antiproletarisch.

Kants transzendentale Apperzeption : Das
Ich muss alle meine Vorstellungen begleiten
können, und meine Vorstellungen sind Vorstellungen meines Ichs. Also muss mein Ich
all meine Ich-Vorstellungen begleiten können.
Quaternio terminorum und Magdalena Aebi?

Möglichkeit definiert formale Modallogik
(wie Nicolai Hartmann) als reale Existenz in
mindestens einem einzigen Fall. Das käme
Hegels (aristotelischer) Logik entgegen, die
nur für wahr hält, was auch verwirklicht ist.
Auch Kurt *Gödel* nutzte das für seinen formal
korrekten modallogischen Gottesbeweis.

Fortschritt : Tanz auf selbstgeschaffenen
Leichenbergen. Wie oft kollabierten Hoch-
kulturen schon zyklisch zu Steinzeiten zurück
mit naturgesetzlicher (und biblisch prognos-
tizierter) Notwendigkeit, von Äon zu Äon?

Aphorismen vereinen den „betörenden Glanz der Dummheit" (Esther Vilar) von kreativer Kunstphantasie mit scharfsinniger Einbildungskraftlosigkeit der Philosophen.

Wer guten Gewissens gar nichts tun will, muss die unentrinnbare Tragik des Lebens anthropologisch verankern durch probable Quietismusideologien : Illusionäres Wunschdenken hoffe noch auf ein Heil und habe dann nur noch nicht die Daseinstragik (an)erkannt.

Die einen flüchten *vor* ehrlicher Resignation in leeren Aktionismus, die anderen fliehen *in* bequeme Resignation vor jedem Handeln.

Je mehr Unsinn in Sinnfragen entdeckt wird, desto mehr Sinn ist im Unsinn zu suchen.

Nietzsches Nihilismus war der Beginn seines guten Willens, Schopenhauers Pessimismus das gute Gewissen am Ende besten Willens.

Der Einzelne kann zur Vernunft aller kommen doch Vernunft verzerrt sich im Individuum.

Lehrjahre sind Herren- und keine Lernjahre.

Habermus. Philosophen appellieren an den Konsens, doch da sie sich nie einig wurden, versteht jeder etwas anderes unter Vernunft.

Denker werden immer bräsiger statt bissiger. Analytische Philosophie will den sprachlichen Unsinn eliminieren, den Witz an der Weisheit

Die Welt ist alles, was der Erbsündenfall ist.

Den Atheismus, den Hegel dem jungen Schlegel vorwarf, hielt der alte Schlegel dem ganzen Hegel vor. Den dritten Monotheismus des Sklavinsohns Ismael verkannten beide Bürgersöhne wie den Armentheologen Jesus.

Verhungern wir Blinden vorm reichgedeckten Tisch der Realität? Müsste der dürre Zeitgeist die weltkonstituierende Kategorientafel sein?

Selbst wenn jeder Philosoph zu einem System käme, hätte die Philosophiegeschichte keinen Abschluss, Hegel hin oder her. Deshalb sollte eine jede Philosophie so offen bleiben wie die ganze Philosophiegeschichte und sich erst mit dem Sterbetag des Denkers „vollenden". Die Synthese aller Synthesen aber darf getrost dem Himmel überlassen bleiben.

Wohl nicht umsonst hat gelebt, wer einem
geliebten Menschen und einem geistigen
Werk zusammen zum Leben verholfen hat.

Aphorismus : Jedes komische Bruchstück
sucht die ganze kosmische Einheit aller
Puzzleteile wieder ganz zu repräsentieren.

Rom, Roman, Romantik. Schlegel, Nietzsche,
Wittgenstein, Adorno : Romantische Subjekt-
attacken gegen klass(izist)ische Systeme und
moralistisches System nur bei Schopenhauer.

Open end. Methodische Wissenschaft und
unmethodische Kunst sind unabschließbar
und gleichzeitig stets technisch vollendet.

Erzählt im Notizbuch der Entwicklungen eure
Lebensgeschichte als Geistesgeschichte u. u.,
die fixierten Etappen des Unfixierbaren.

Wenn Schneemänner mal müssen,
tauen sie gleich auf.

Philosophie als *geistiges Innenleben zwischen
Himmel und Erde* entziffert die Hieroglyphen
der Welt auch in Fr. Schlegels Assoziationen.

Wo man zu gut hinhört,
wird den Ohren schlecht.

Intellektuell sind Hunde und Schweine
den meisten Schweinehunden gewachsen,
emotional und industriell wohl weniger.

Betroffen macht uns, was uns nicht betrifft.
Am besten trifft´s die Unbetroffenheitsprosa.

Auch der Witz ist Aussage mit Wahrheits-
anspruch, Akzeptierbarkeit damit ausgesagter
tatsächlicher Witzverhalte, und spiegelt eine
recht widerständige Wirklichkeitserfahrung
zwischen Rationalismus und Realismus.

Warum verhält sich Hegels Dialektik zu Platons Dialogen anders als zu Schlegels Ironie?

Lob keinen Verfasser, bei dem du keine Fas-
sung verlierst, das Verfassungsgericht anrufst,
ein Fass aufmachst oder „Harro, fass!" rufst!

Was meine Aphorismen der Werbung
für Philosophie am Ende gebracht haben,
ist mit Geld nicht wiedergutzumachen.

Aphorismen *fietschern* aus Leserköpfen nicht
raus, was nicht drinsteckt, und nicht rein,
was nur heraus will.

Wenn es Tiefsinn im Unsinn gibt, dann auch
Unsinn in Markus *Gabriels* „Sinnfeldern".

Handeln heißt einen Plan für sich behalten
und ihn nicht ausführen wie einen Hund.

Es gibt Untergegangenes und Untergekom-
menes, Übergangenes wie Überkommenes.

Die Härtesten mimen die Zärtlichsten und die
Mildesten die Wildesten. Die Hinterhältigsten
geben sich *nachhaltig*, die Verächtlichsten
gehen *achtsam* miteinander um (sich herum).

Das Herz schlägt links, das Hirn lacht rechts.
Heute ist nichts einmal mehr Selbstsatire.

Freud 2000: Wo Kollektiv war,
soll nicht Narziss werden.

Wo Unsterbliches verrottet, muss Schrott
in Vitrinen verewigt werden.

Luther bekämpfte katholische Werkfrömmig-
keit mit kapitalistischem Erwerbsarbeitseifer.

Hoffen wir auf erinnerte Paradiese, oder
gedenken wir alter Zukunftshoffnungen?

Das *Negative* war bei Bloch und Adorno
der Weltzustand, bei Hegel der Tod.
Das eine heilt der Himmel auf Erden,
das andere nur das Himmelreich.

Ein Hund kann nicht anders, als dir eben
hündisch ergeben zu sein, und will auch
nicht als Marionette geliebt sein.

BILD spiegelt den Stand heutiger Bildung
bewundernswert gekonnt, und ungebildet naiv
zeigt sich, wer diese Zeitung nur verachtet.

Ist der Elefant relevant? Im Kopf landet
viel weniger, als im Körper ankommt.

„Meine Süße!" Geliebte Verstorbene erst
verströmen diese ganze Süße des Lebens, die
vorher schon ewiges Versprechen gewesen
war. Davon zehrt noch dein einsames
Überleben, *Prousts* Madelaine hatte Recht.

Wir haben immer genau das Fernsehen, das wir verdienen. Natürlich klagen die Gebildeten, dass sie sich beim Programm langweilen, d. h. sie genießen von oben herab ihr Privileg, eine bessere Ausbildung genossen zu haben. Aber genau diese Gebildeten machen das Programm für das gemeine Volk, das ihnen das Privileg verschafft, und sich dann darüber lustig, indem sie es beklagen.

Um die enervierend sinnlose und stumpfsinnige Erwerbsarbeit zu ertragen, kann der gewöhnliche Sterbliche nicht mehr verkraften als ein ähnlich sinnloses und anspruchsloses Feierabend-TV. Die Fernsehleute haben das besser kapiert als ihre naserümpfenden Kritiker mit Abitur, die ja High-Brow-Bücher lesen könnten (was sie aber nicht mehr tun). Auch Kritiker sind nur Komplizen des Fernsehniveaus.

Warum gehen gute Shakespeare-Adaptionen im TV wohl so schlecht?

(Ins Londoner Globe-Theatre ging damals auch und gerade gemeines Volk.) Ist gängige Fernsehkritik heute nicht auch arrogante Heuchelei? Das wahre Problem ist das Bildungsprivileg in der Klassengesellschaft; der Rest ist Gebarme um Geschmacksnörgelei. Herr Lanz z. B. macht seine Sache offenbar so gut, dass man seine vielen Fans als dumm verachten muss, die ihn wollen? Das Fernsehprogramm ist nicht dümmer und schlechter als die Arbeitswelt, deren Kompensation es will. Das eine steht und fällt mit dem andern. Beides erfüllt seine Funktionen bisher vollauf.

Man kann das Fernsehen nicht angreifen, ohne die ganze Erwerbswelt zu attackieren, und genau das sollte man tun, statt sich an Epiphänomenen wie TV-Schelte aufzugeilen. Weniger schwachsinnig sinnlose Arbeitswelt würde vermutlich automatisch zu weniger schwachsinnig sinnloser Kunst- und Kulturwelt führen, die dazu passt. Andere Politiker in den Aufsichtsgremien würden heute am modischen Schwachsinn wenig ändern, und wer diesen Zeitgeist nicht bedient, fliegt vom Karussell, bevor er etwas ändern kann.

Selbst Kritik ist längst eingemeindet und damit unschädlich verdaut im allgemeinen Dauergeplapper. Das System mit seiner Eigenlogik ist inzwischen so gut wie unangreifbar. Man steht als Zaungast im Abseits und versucht nur noch zu verstehen, was ist.

"Böhmermann" & Co.?

Auch Kritik samt Satire wird als Entertainment folgenlos verwurstet, um Liberalität zu beweisen.

Bedient der Himmel sich der Gesellschaft, um Schicksal zu spielen, oder gar umgekehrt?

So schnell du auch rast, der Entgegenrasende ist so schnell wie ihr beide zusammen.

Egal ist 88, aber Egalität ist mir nicht gleichgültig, doch gleich gültig wie Diversität.

Der tragische Widerspruch von Sein und Soll ist schmerzhaft, der komische nur scherzhaft.

Nichts wird heute intensiver intendiert
als das Extensive, doch kann man intensiv
schlafen oder zerstreut sein?

Goldiges Gemüt und goldener Humor sind
nur noch vergoldetes Talmi. Nur goldene
Mischung der Rassen behält ihren Wert.

Tritt Sein mit dem Schein auf, sein Soll
zu erfüllen, macht es sich lächerlich
und wird an sein Wesen erinnert.

Der Leser erwartet einen tragischen, der
Aphoristiker liefert einen komischen Widerspruch von Sein und Soll. Er wirft philosophisch spannende Fragen auf und lässt sie
platzen im entspannenden Lachen, wo sinnliches Abbild über sinnhaftes Urbild siegt.

Anything goes and is petrified, too.

Diogenes´ und Demokrits Scherz
gegen Heraklits und Platons Ernst:
Nur Gigantomachia der Eitelkeiten?

Nichts geht mehr, wenn du nicht (aufrecht)
gehen kannst und schlecht zu Fuß bist.

Idealist Kant sah Dr. Geist den Patienten Leib
behandeln, damit der Leib den Geist (er)trägt.
Heute nur noch existenzielles Ernstmachen,
Heidegger, „Professor für Angst und Sorge",
und Adornos „blutiger Ernst totalen Verblen-
dungszusammenhangs" jenseits aller Satiren.

Wissen- & Willenschaft. Die heutige multi-
kulturlose Leitkultur ohne Leidkultur wird
bestimmt vom jeweiligen Betriebsleiter.

Das größte Wunder sind Naturgesetze,
nicht deren Verletzung.

Wer so lange Jahre zusammenlebte, wie das
Jahr Wochen hat, kennt einander by heart
und kann vielleicht nicht mehr ohne einander.

Ein antiautoritärer Mensch unterwirft sich
nicht einmal der Wahrheit.

Mein Ehrgeiz ist es, Olympiasieger
auf dem Papier zu besiegen.

Mein Name ist Max Mustermann, ich bin
„Der Namenlose" von Samuel Beckett.

1001 Nacht : Der Kopf, der rollt,
denn Schweigen ist nicht Gold.

Achte das Alter, such lieber älter als jünger
zu werden!

Lebt nicht fürs Schreiben, wie die Gans
gestopft wird für Gänseleber!

Ist Philosophie keine Kunst,
ist sie eine schlechte Wissenschaft.

Der Penis wird als nur aufgepumpte Klitoris
heute zum lebenden Dildo dekonstruiert.

Sokrates war verheiratet. Bis zu Kant waren
fast alle großen Philosophen Junggesellen und
keine Staatsdiener. Danach fielen Schopenhauer, Nietzsche und Wittgenstein noch einmal aus dem bürgerlichen Familienrahmen.

Eigennamen sind Ausrufe- oder Fragezeichen
für etwas/jemanden.

Name ist Schall, wo auch Knall(effekt),
und Rauch, wo auch Feuer ist.

Dickfellige und Dünnhäutige träumen
voneinander.

Keins der vielen unverwechselbaren Kinder
des Urgrunds kann mit ihm (un)eins werden.

Wo alles in Ordnung ist,
herrscht keine Kultur.

Ich werde lieber regiert von der schweigenden
Mehrheit als von Platons Philosophenkönigen

Gescheite Maos und Stalins sind immerhin
gescheiterter als die Woytilas und Mandelas.

Optimismus und Pessimismus können sich
einander leisten, ohne sich aufzugeben.

In guten Aphorismen spukt ein Geist,
Quälgeist, Poltergeist und Lebensgeister.

Literatur, ja, doch keine dicken Romane;
Philosophie, ja, doch nicht in zehn Bänden:
Lieber an-ekdotische Fragmente zwischen
Essays und Bonmots als ganze Bibliotheken.

Aus drei Aphorismen lässt sich ein Weltbild machen, aber auch aus drei Weltanschauungen ein Bonmot : Schreibe solange Aphorismen, bis du siehst, wie viel da noch fehlt!

Die leersten Häuser werden am sichersten verschlossen.

Mann schafft Mannschaft, Wissen schafft Wissenschaft ab.

Jeder Aphorismus ist eine literarische Bulle, eine reife Frucht philosophischer Ungeduld, ein mystisches Stenogramm rationalistischer Ausführlichkeiten bis zur Unverständlichkeit.

Weisheit will von Toren gesagt sein
wie Dummheit von Gelehrten.

Himmel. Die Welt besteht, solang der Polarstern, um den sie kreist, nicht ins Wasser fällt.

Ist ein kosmopolitischer Germane immer
ein typisch deutscher Deutschenhasser?

Wo Lebenskunst endet, beginnt Lifestyle.

Ein Autor, der gestürzt werden soll,
ist ein Autor, der aufsteigen kann, und
was bestehen will, kann bestürzt sein.

Sieh den irischen Puritaner nicht nur in Oscar
Wilde, sondern auch in Samuel Beckett!

Geh ich in mich, geh ich oft zu weit und
auf der Gegenseite wieder aus mir heraus.

Drei Bücher : Das Buch, das geplant ist,
das Buch, das geschrieben wird, das Buch,
das man liest.

Meine Aphorismen haben meine Umwelt
und Innenwelt schon ganz wegformuliert.

Will ich die Schlechtigkeit der Welt darstel-
len, schreibe ich am besten kein schlechtes
Bonmot darüber.

Ein Aphorismus ist nie wahr, aber nicht
immer falsch. Meine besten sind unecht.

Wer kein Lump werden will,
muss ihn oft genug spielen.

Um ihn dreht sich alles rechts oder links,
der Polarstern polarisiert die Welt.

Deine schöne Rose ist nicht mal eine Wanze,
mein größter Edelstein nicht mal eine Primel.

Analphabeten gäben oft alles dafür,
eines meiner Bücher lesen zu können.

Man muss den Witz im traurigen Beckett
sehen wie auch den Katholen im losen Joyce.

Bringt einen Grundsatz an die Macht
statt eine Bande an die Posten!

Sylvesterkracher

Überall schreiten Wände,
streiten und leiten Trende,
überall reiten Hände,
überall die breiten Brände,
doch nun kommt Zeitenwende
mit Singsang und Klingklang:

Wird 2023 böser als 2022,
doch
dafür besser als 2024?

Liebe deine Feinde, also alles,
was du nicht kennst.

Hartes Herz, weiche Birne. Enthusiasmus ist
eine Form der Flucht vor Erkenntnisarbeit.

Muss man mehr schuften, wenn man wenig
oder wenn man mehr loswird?

Schauspielermaske. Unsere wahre Persönlichkeit
ist, was wir nach Feierabend anziehen.

Witz ohne Sinn für Humor : Aphorismen sind
gutmütige Tyrannen und despotische Wohltäter.

Die fülligen Grete D. und Lisa K. (beide Brust-
krebsopfer?) wurden dem Kinde zu Urfrauen.

Meereswellen leckten vor 60 Jahren am Deich
den runden Stein ab, auf dem sich grüner Tang
festkrallte : Deckerinnerung wofür?

Husserls begriffslose „Wesensschau"
ist eher begriffenes Wesensfühlen.

Meine Aphorismen zeigen die Welt dann nicht so, wie ich sie sehe, aber ich sehe die Welt dann so, wie meine Aphorismen sie zeigen. Riskant.

Was unterm einen Wesensbegriff „faule zufällige Existenz" ist, ist unter anderem Begriff „vernünftige Realität" und „realisierte Vernunft" (Hegel).

Glühende Ideale mit Eiswasser überschütten heißt sich von eiskalter Realität befeuern lassen.

Eine Frau heißt heute emanzipiert, wenn sie sich ungerührt kumpelhaft anrempeln lässt.

Der Aphorismus ist die Fähigkeit, Irrtümer mit wahren Argumenten zu verteidigen und Wahrheiten mit zweifelhaften Gründen zu widerlegen.

Eine Burg ganz aus Schießscharten ist wie ein Abgrund voller Fundamente.

Es gibt Zäune, die Kerkermauern sind. Ein Loch in der Wand ist kein Fenster zum Unendlichen.

Was dich erheben soll, kann dich erniedrigen.

Aphorismen zeigen nicht alles in neuem Licht,
sondern berechnen es durch logischen Schluss.

Stellt deine Phantasie die Welt nicht vors Gericht,
verklagt die Welt deine Wunsch- und Alpträume.

Der Himmel lässt böse Herrscher Gras fressen.
Wir lassen die Knechte Grünzeug schlemmen.

Der Leser ist nur eine gezählte Stimme u. a.,
der Aphoristiker die gewogene Stimme des Alls.

Die edlen Wilden des Westens bedrohten immer
die überzivilisierten Humanisten im Negerkraal.

Verarmung ist unrentable Vergeudung menschlicher Talente, die unter Armut verkümmern.

Mit der Theologie fiel die Philosophie seit 1800.
Der Humanismus überlebt keinen Monotheismus.

Religion kann Blasphemie gegen Atheismus sein,
denn schwörst du bei jemandem, verschwörst du
dich schon gegen ihn.

Mathematik ist die Logik der Melodie,
Logik ist das Klavier der Poesie und Musik
die flüssige Mathematik des Gefühls:

Wir haben nur exzentrische Normalverbraucher
mit überkandidelt gesundem Menschenverstand.

Macht Mord den Mörder oder den Ermordeten
unglücklicher?

Fortschritt schreitet zugleich in alle Himmels-
richtungen voran wie eine Atomexplosion.

Liegen unsere Schwächen in unseren Stärken
oder umgekehrt?

Bekämpft der Lebenslauf das Schicksal,
um es am Ende nur zu verkörpern?

Öffentliches Leben wird viel mehr geheim gehal-
ten als privates und hat auch mehr Grund dazu.

Niemand ist liberaler als die feudalen Beamten in
Demokratien und keiner autoritärer als Jedermann

Hegels wie Schlegels Widerspruchsgeist erkundete die Dialektik platonischer Dialoge, vergaß über den Ideen nicht deren paradoxe Stellung zu beider Doxa.

Der Geist lebe nach Naturgesetzen, erkundet von der Naturwissenschaft der Naturvölker.

Gäbe es nur irdische Justiz, würden nur arme Gesetzesbrecher bestraft.

Genesung durch Mitleiden mit Todgeweihten ist doch schon todkrank, oder?

Platon: Aristokrat. Aristoteles: bürgerlicher Leibarztsohn. Epiktet: freigelassener Sklave. Thomas: feudaler Bettelmönch. Spinoza: Linsenschleifer. Böhme: Schuster. Leibniz: Anwaltssohn. Hume : Anwaltssohn. Kant: armer Sattlersohn. Fichte: Hütejunge. Hegel: beamteter Beamtensohn. Marx: Anwaltssohn. Schopenhauer: großbürgerlicher Kaufmannserbe. Kierkegaard: reicher Erbe. Nietzsche: Pastorensohn. Wittgenstein: Stahlmagnaterbe. B. Russell: Aristokrat. Adorno, Horkheimer: großbürgerliche Kaufmannssöhne. Sartre: Großbürgersohn. Jaspers: Bankierssohn. Bloch: Beamtensohn.

In manchen Büchern ist viel drin,
kommt und geht aber nicht raus.

Seitensprünge sind konventionell banal. Das
wahre Abenteuer Jedermanns ist eheliche Treue.

Aphoristiker sind keine Schwarzmaler und Hell-
seher, sondern malen weiße Kleider ohne Westen,
also alle Farben zusammen in Hochzeitsweiß und
Leichenweiß.

Woke. Ist es demokratischer, mehr Linkstotalitäre
als Rechtsdemokraten zuzulassen und reiche
Extremisten als „Neue Mitte" anzuerkennen?

Große Feldherren haben ihre Feinde so
wenig gehasst wie ihre Freunde geliebt.

Leben fördert Denkverzicht,
Denken fordert Selbstmord.

Leben ist unlogisch, Vernunft ist untot.

Manche sind darin gefangen, sich von gewissen
Freiheitsbegriffen nicht befreien zu können.

Aphoristiker übertreiben nur Realitäten, doch untertreiben die Unwahrheiten darüber. Sie sind nur folgerichtiger als jeder Prinzipienreiter.

Aphorismen sind poetische Problemkrimis zwischen ebenbürtigen Argumenten gegen fanatische Philosophenmonologe.

Denken heißt : Philosophien sollten viel länger streiten in jedem Philosophen.

Im Paradox widerspricht eine Meinung nicht nur den Konventionen, sondern auch sich selbst.

Nur Trennung von Staat und Kirche erlaubt ihre heilsame Dauerkritik aneinander.

Ob wenigstens deine Mittoten deine Aphorismen werden lesen wollen?

Der *Freigeist* hat seinen Gottvater selbst gezeugt.

Wer sich nicht mordsmäßig vergnügt, fühlt sich zur Strafe eingesperrt.

Durchgehende Aphoristiker sind wildgewordene
Logiker, die höchste Prinzipien zu Tode reiten.

Zu viele sind nicht lebendig genug, um töten,
und nicht tot genug, um auferstehen zu können.

Man gebe den Armen mehr Macht als Geld
und den Schwachen mehr Geld als Macht.

Gordische Knoten halten alle Fäden und *Strings*
des Alls zusammen.

Ohne Lebensmut kein Todesmut und umgekehrt.

Die Erde wird nie fertig,
da der Himmel nie in Arbeit ist.

Der Aphorismus widerspricht nur dem,
der sich nicht selbst widerspricht, und treibt
logische Konsequenz bis zur Irrenhausreife.

Ein Leben ohne mich sei ein Irrtum.

Welt heißt, dass Leben auf sich verzichtet, u. u.

Man kann gar nicht so viele Mörder töten,
wie geboren werden.

Die Hölle ist logisch, der Himmel paradox
und die Erde ein sinnig wirrer Knoten daraus.

Lebt ewig, wer vor seiner Geburt stirbt?

Jeder scheint zum Tode verurteilt. Begnadigung
oder seine Unschuld folgt daraus noch nicht.

Durch den Himmel kommt in die logische Welt
Paradoxes und in die wirre Welt Klarheit zugleich

Wer Geschichte und Gesellschaft im Labor
untersucht, versteht so wenig wie der Poet,
der ins Labor kommt.

Lebenslügen dienen so oft edlen Zwecken
wie höhere Ideale niederen Interessen.

Sophisten waren oft Demokraten. Nietzsche war
ein aristokratischer Sophist, der den Aristokraten
Platon als *Moses graecus* dekonstruierte.

Es gibt nichts Natürlicheres als melodramatische
Romantik und nichts Verfeinerteres als Realismus

Bilden Musik, Skulptur, Malerei, Poesie, Religion, Philosophie, Aphorismus die Leitkulturleiter?

Ist Mathematik der Musik die Poesie des Lebens?

Das Absurde ist religiöse Altware; Camus vergaß,
wie grotesk das Leben immer gesehen wurde.

Der Mensch ist ein Tier, das auf den Hinterbeinen
geht und bettelnde Stehaufmännchen macht.

Einer, der sich nicht lächerlich macht und fühlt,
macht mit nichts ernst. Würde hat nur die Leiche.

Ein Mensch ist besser zum Individuum
als zum Staub verfeinert.

Trinker : Eine Flasche leert die andere.

Mein Aphorismus will nie Schlafmützen wecken
und aufwiegeln, sondern Schlaflose einwiegen.

Ökonomie war nie Betriebswirtschaftslehre,
sondern immer Ökologie : Hauswirtschaft.

Hegels „Logik" erklärt, warum der Pöbel, der ihn
nicht versteht, Recht hat, wo es ums Leben geht.

Hegels triadische Tiraden auf den Geist,
der auf geistlosen Entgeisterungen wächst:
Etwas sagen und dann widerrufen, um das
Dementi zu dementieren, hat mehr zu sagen.

Nur der Pöbel weiß, was Humanismus ist,
wie nur der Astronom weiß, was ein Stern ist.

Die sozialste Frage lautet nun : Kann man Armen
mehr geben, ohne Reichen mehr zu nehmen?

Wird die Nachwelt meine Aphorismen feiern wie
die Tournüre der Aristokraten ihre Vorfahren?

Verwelkte Pflanzen dürfen bei mir ihr Gnaden-
wasser trinken. Auch ich will nicht entsorgt sein.

Übeltätern wird wohl selten übel, Wohltätern
ist immer wohl, und Untätige nehmen übel.

Ein Sau´bermann schimpft einen Sau´bermann
gern einen Sau´bermann. Engel schweigen.

Je fetter die Überschrift,
desto netter die Nachricht, desto fitter das Blatt.

Der Philosoph macht seine Neurose zum Tor all-
gemeiner Wahrheiten, in melancholischer Distanz
zu enttäuschender Wirklichkeit.

Der Zeitgeist setzt Fragezeichen als Doppelpunkt,
der Aphoristiker Ausrufezeichen als Schlusspunkt

Die Welt enthält kein ewiges Geschwätz, sondern
ein einziger Wider-Spruch die ganze Welt.

Riesenformeln zerlegen die ganze Welt in Atome,
der Aphorismus ist ein Atom, das die zerstreute
Welt in einen Satz zusammenfügt.

Heute werden nur noch ständig Fragen gestellt,
um Unsichere zu verunsichern. Aphoristiker
geben Antworten, um Gehetzte zu beruhigen.

Genießt du Leben, das dich ungenießbar findet?

Gabriels „Sinnfeld" Gewinnwelt. Kulturelle
Inzucht fördert nur kommerzielle Gewinnsucht.

Was alles umfassen will, kann nichts mehr
erfassen, und wer etwas ganz erfassen will,
muss sich vom großen Ganzen umfassen lassen.

Meine Selbstversenkung führt zu gar nichts;
mein wahres Selbst steckt in Büchern.
Schreiben heißt : Meditier auf Papier!

Wer stets (rum)irrt und in die Irre geht, kann ein
gerader Mensch sein, doch wer stur seine Richtung hält, komme was wolle, wird an sich irre.

Ihr schenkt man Blumen, weil man Frauen für
Pflanzen hält; ihm schenkt man einen Arbeits-
platz, weil man Kerle für Arbeitstiere hält.

Der Geisteskranke hält die Welt für einen Sack
voll Gifte und Medizin und schluckt Geld oder
den Nächsten als bittere Pille.

Gentechnologie ist am Turm zu Babel ein
biochemisches Legoland der großen Bastelfexe.

Wollen und sollen wissenschaftlich-technische
Revolutionen nur fällige soziale Revolutionen
verhüten und ersetzen?

Neid auf Jetsetter kann heute triumphierend
CO_2-Bilanzen monieren.

Darwin? Der Mensch rennt lieber
im Hamsterkäfig, als im Affenkäfig zu hocken.

Das Lachen der thrakischen Magd über Stern-
gucker *Thales*, der in den Brunnen fiel, ist das
Lachen über die Philosophie wie den Philosophen, ohne Gelächter des Denkers selbst zu sein.
Demokrit und Diogenes lachten zweitauend Jahre
später noch einmal in Schlegel und Nietzsche.
Das war´s dann?

Wer um seine Toten trauert,
würde lieber die Lebenden verwünschen.

Das Aphorismus zeigt, dass Philosophie keine
Wissenschaft sein soll und mit Populärwissen-
schaften nur die Umgangssprache teilt.

Was für ein schlechter Ruf im rechten SUV!

Absolute Werte. „Sklaverei soll nicht sein."
Aber einer schimpft schon verbotene Sklaverei,
was andere notwendige Arbeit nennen.

Alte lieben keine Lebensweisheiten, da ihr Leben
schon vorbei ist oder sie selber weise Greise sind.

Führungspositionen sollte man nicht den Frauen
geben, sondern auch den Männern nehmen.

Aphoristik ist Philosophie für sehr Junge,
sehr Alte, Poeten und Proleten.

Am liebsten liege ich spazieren, träume vom
Schlafen und verschlafe das Tagträumen.

Queerdenker sprechen von männlich, weiblich
und sächlich. Und wer ist King und Queerqueen
der Haupt- und Nebensächlichen?

Philosophen spekulieren gern gegen *Spekulation*.

Aphoristik treibt die Unbefangenheit
bis zur Torheit wie Wissenschaft
die Pedanterie bis zur Präzision.

Für schiefe Bilder und krumme Dinger gibt es
keine Orthopäden außer Kunst und Recht.

Kritiklosigkeit ist nur als Witz erträglich,
Mangel an Komik nur als Ätzkritik.

Reicht noch die Puste gegen achtzig Kerzen
des Pustekuchens, um Zweifler umzupusten?

Heideggers Philosophie beweist ihre Wahrheit
einzig aus der (nur unbewusst wahrgenommenen)
Sprachpornographie. Diese Deutung verspottet
weniger ihn als seine Bewunderer und Verächter.

Der Aphorismus bietet schwachsinnige Kritik am
modernen Schwachsinn und destruktive Selbst-
aufhebung des zeitgenössischen Destruktivismus.

Eine Quadrille kann man tanzen, reiten, Karten
legen und spielen, doch nicht quadrieren.
Geteilt durch Vier ist sie Solotanz.

Kaufe ich Lebensmittel, verlange ich kein Geld
dafür; verkaufe ich Aphorismenbände, zahle ich
einen hohen Preis. Sie finden so viel Anklang,
dass die Leute sie fast kaufen.

Alle Menschen sind Kinder ihrer Zeit,
die ihre Kinder verschlingt.

Selbstzweck : Jeder muss sich vom anderen benutzen lassen, um ihn selber benutzen zu dürfen.

Fortschritt : Vom Höhlenfeuer zum Ceranfeld,
von der Keule zur Atombombe.

Herren können nichts anderes als nichts tun.
Knechte können nichts anderes nicht als das.

Der kleine Aphorismus gewinnt gegen Details
die große Übersicht und verliert sie und sich
in Individuen, die er nicht übersieht.

Bist du frei wie ein Vogel, hast du keinen und
bist vogelfrei : Jeder darf dich abschießen.

Comes with the job. Wäre ein herrschaftsfreier
Diskurs zwischen Konzernchefs und Hafen-
arbeiter eine Sozialrevolution?

Klimarettung? Die Reichen wollen nicht,
die Armen können sie nicht bezahlen.

Wo sind Kritiker besser als die Kritisierten?
Der eine hat Recht, der andere hat Macht,
nur der Himmel hat beides.

Demokratie sollte Pöbelherrschaft sein,
ungleich klüger als alle Wissensoligarchien.

Mancher ist intelligent genug,
nicht erst denken zu müssen.

Kunst und Philosophie sind Versuche,
dem überwältigend gleichgültigen All
etwas Eigenes entgegensetzen zu können –
und sei es nur Identifikation mit dem Aggressor.

Da es nie genug Geld und Fachkräfte gibt,
um alle zurecht monierten Missstände der Welt
zu beheben, kommt es oft leichter und billiger,
sich mit vielen Gebrechen gleich anzufreunden
und auf viel mehr Genüsse zu verzichten.

Mancher sieht oft die Bäume nicht
vor lauter Seelenverfassung des Waldes.

Sind auch Kants Kategorientafel und dialektische
Ideen nicht nur Entwicklungsprodukte der Natur?

Nicht nur Kants anthropologische Kategorientafel oder Diltheys *historisches Apriori*, sondern auch Wittgensteins „Privatsprache" erzeugt ein ganzes „Sinnfeld" Gabriels als Zugang zu Realitäten.

Der Aphoristiker wird nur gedruckt, wenn er schon berühmt ist, wird aber nur berühmt, wenn er schon gedruckt ist.

Requiescat in Strapaze. Außerhalb der Außenwelt sind nicht nur die Innenwelten.

Die aphoristische Pointe ist Käse in der geistigen Mausefalle oder der Zuckerguss auf bitterer Pille.

Sozialisten sind heute nur jene, die Enteignungen mehr zu fürchten hätten als die Armen selbst.

Fortschrittlich heißt, wer das Morgen schon als Ewiggestriges des Übermorgen behandelt, aber das Gestern nicht als Zukunft des Vorgestrigen.

Bei so vielen Aristokraten des Geistes kann Philosophie nie eine Demokratie werden, oder gibt es eine Republik toter Tyrannen?

Die Zeiten ändern sich, sie erkennen mich nicht
wieder und stellen mich ihren Meisterwerken vor.

Organisierter Tourismus ist nomadische Reiselust
sesshafter Pfahlbürger. Sind es etwa Lustreisen?

Ohne Größenwahn entsteht nicht das kleinste
Meisterwerk, ohne Demut nicht das größte.

Allein die fünf Bücher Mose haben historisch
ein Volk von Intellektuellen geschaffen.

Der Habitus des Reichen setzt Manieren über
Moral. Der Arme kann sich solch befehlsgewohnt
selbstsicheres Auftreten nicht leisten.

Wird uns zu langweilig, suchen wir Dramen.
Werden sie zu dramatisch, planen wir Idyllen.

Erreichen Pariser Bonmots den Normalbürger
hierzulande so wenig wie akademische Wälzer?

Weder philosophische noch aphoristische Kunst
erreichte hier wieder ihren Höhepunkt um 1800.

Nicht nur Philosophie, sondern auch Kunst und
Religion könnten Witz bei der Ur-Ursache sein
statt irgendetwas zwischen Unterhaltung,
Lebensweisheit und Theologie.

Heute würde ein Shakespeare so viel Unsinn
reden wie ein KI-Automat, der ihn interviewt.

Was kann ich wissen, soll ich tun, darf ich hoffen,
und was ist der Mensch? – Es gibt mehr im
moralistischen Weltbegriff der Philosophie,
als ihr Hochschulbegriff sich träumen lässt.

Der Aphoristiker untersucht nicht als Physiker
die Natur, sondern die kunstvolle Metaphysik
der Physik.

Bei Hegel ist Aphoristik so vorphilosophisch wie
bei Adorno nachmetaphysisch, und die *Kritische
Theorie* ist entweder aphoristisch und dialektisch
oder vorkritisch und ideologisch. Hegel postulier-
te Schlegels Romantik als den Schlusspunkt von
Kunst überhaupt, bevor sie Philosophie werde.

Auf deine Art siehst du mich und sehe ich dich.
Mancher macht sich was aus mir. Aber was?

Alle Menschen sind gleich : Jeder will Vorrechte.

Man verarmt eher durch Diebe
als durch Freigiebigkeit.

Siehst du in mir einen Dummkopf,
weil du da dein Spiegelbild siehst?

Lieber ein Staat ohne Religion
als eine Religion ohne Staat?

Mein Werk setzt dich wieder so in die Welt,
wie dein Tod mich erneut in die Welt setzte.

Nicht Genien inspirierten Genies und Ingenieure,
doch die Muse meiner Muße gab dir geistige
Kinder ein – ein halbes Leben lang.

Die gerechte Umverteilung durchs „Lasten-
ausgleichsgesetz" von 1952 wegen „Krieg und
Vertreibung" sollte heute hierzulande zu neuer
„Vermögensabgabe" führen wegen „Juliusturm"
zu Babel.

Vitamin C ist das Hohe C des singenden Hustens.

Der Aphorismus ist Philosophie ohne Argumente, da er alle Für und Wider schon voraussetzt, alles Wesentliche an der Sache maßlos übertreibt und zugleich völlig ausspart, eher Lösungen verrätselt als Probleme löst und nicht verrät, sondern uns zu erraten gibt und damit die Philosophen wie Laien überrumpelt, nur Dissens erzeugt mit der harten Zwanglosigkeit des eingesparten Arguments.

Der Aphorismus problematisiert alle Lösungen, beantwortet Fragen, statt die Welt in Frage zu stellen, stillt die Gehetzten, statt Schlafmützen zu wecken, und sagt nur springend Punktum.

Beide sozialistischen Lager werfen einander Relativierung ihrer Gräueltaten vor, ohne dass die goldene Mittelmäßigkeit besser wäre.

Aphoristiker : Buchstabile Lebenskunst mit Worstsellern. Dicht er? Denk er zugleich!

So schwierig die Probleme sind, der Aphoristiker hat es leicht; er kann es nur noch besser machen als seine akademischen Konkurrenten.

Ist schon deshalb ein Linker, wer andere rechts-lastig nennt, oder linkt er nur linkischer?

Zuvorkommend kann auch sein,
wer zu spät kommt.

Ist laut Logik die Existenzbehauptung Bielefelds
induktiv nur im Unendlichen verifizierbar und
die Nichtexistenzbehauptung unfalsifizierbar,
ist dann die Logik zweifelhaft oder widerlegbar?

Im Biedermeier sieht man nur noch den Bieder-
mann, wo doch Gestresste heut mehr Ruhe brauchen und nicht Schlafmützen mehr Weckrufe.

Das Falsche tut man gern unverfälscht richtig
und das Wahre recht falsch.

Du wirst die Welt nicht besiegen, auch wenn du
ein Riese wärst, aber dich verteidigen, auch wenn
du ein Kind wärst.

Mutter Natur liebt Genies so wenig,
dass sie so wenige schuf.

Mancher wie Hegel stützt die Philosophie durch
seine Schwächen, ein anderer wie Wittgenstein
stürzt sie durch seine Vorzüge.

Als ich in keinem Alter war, fühlte ich mich neu genug, um veralten zu können, doch alt genug, um völlig Junges zu erfinden.

Logisch belegte Scheiben von der nackten Wahrheit schmecken nach gar nichts.

Kann der Aphorismus hierzulande nicht die *Peer Review* der Philosophie werden, muss er die letzte Untergattung der Literatur bleiben.

Du kannst hierzulande alles, was du willst, außer es ist zu leicht(füßig).

Seltsam : In der Logik ist der menschliche Geist das Gewisseste von der Welt und die Welt selbst das Ungewisseste.

Etwas glauben heißt noch nicht jemandem glauben, der es sagt.

Literaten haben das Wissen noch vor sich, Forscher und Populärwissenschaftsautoren stecken mitten drin, und Aphoristiker haben das Wissen schon hinter sich und spielen damit wie alte Kinder.

Ein guter Autor ist stolz, weil er so gut ist.
Ein schlechter Künstler ist so stolz,
weil er ein Künstler ist.

Das Ego ist nichts, doch ohne Ego ist alles
wie nichts. Auch das Alter Ego.

Alles Aktuelle ist so schnell *ad acta* gelegt wie
das Aktive, und Aktmaterial wird Aktenmaterial.

Einst in der Stadt und unsrer Wohnung, ist sie
nun in unserem Himmel und meinem Herzen.

Die Wissenschaft ist viel zu gefährlich,
um sie in der Praxis Experten zu überlassen.

Wer klamm ist, klaut so heimlich wie der Reiche.

Wo es im Denken hakt, versteckt sich ein Widerhaken, wo Hakenschläge weiterhelfen.

Der philosophische Ansatz der meisten Berufsdenker reicht nicht weiter, als sie gut zu ernähren.
Aphoristiker ohne Brotjob verhungern.

Robinson Crusoe war eine Inselbegabung
auf allen Gebieten des Schiffbruchs.

Gedächtnisfehler fallen im Alter mehr auf als
Denkfehler. Gedenken gilt mehr als Gedanken.

Gerenne und Gerede muss einen nicht springen-
den Punkt haben, der unsichtbar im Himmel sitzt.

Die *Cloud* ist das elektrische Wolkenkuckucksheim des smarten Online-Aktivisten.

Sehen Ausländer in xenomorphen Einheimischen
xenophobe Fremde?

Steinalte Steinzeitgenossen machen jeden neuen
Aphoristiker steinschlagfertig.

Autodidakten sind erfolglos und klüger, weil sie
nicht lernen, was sie wie andere lernen müssten.

„Rolf", „Raphael" („Gott heilte", Gotthelf),
„medicina Dei", gab Tobias eine Arznei gegen
die drohende Erblindung seines Vaters Tobit …

Am liebsten startet durch, wer ganz am Ende ist,
und wer gar nichts tun kann, muss durchregieren.

Die französischen Moralisten waren Europas
erste namhafte Aufklärer. Selbst Hegel hat ihre
kritischen Aphorismen philosophisch gerechtfer-
tigt, wenn auch gegen Schlegels „Chamfortaden",
als notwendige Etappen zum Vernunftidealismus.

Hegels „Logik" besiegte Napoleons Siege so
wie Woytilas Gebet „Das Kapital" von Marx.

Lieber ein resignierter Aphoristiker
als ein zufriedener Sprücheklopfer!

Manchem genügt es, die Logik nicht zu treiben,
an die er glaubt, damit er sich mit Humaniora
beschäftigen kann, an die er gar nicht glaubt.
Andere treiben Mathematik, um sich daneben
von Leidenschaften treiben lassen zu können.

Friedrich Schlegels Opus Magnum, 33 „Philosophische Lehrjahre" (1796-1829) als aphoristische
Wanderjahre, und „Das Allgemeine Brouillon"
(1798/1799) von Novalis gegen G. W. Fr. Hegel,
den „nachgeäfften Fichte" : System is Wisdom?

Fr. Schlegels „Vorlesungen zur Geschichte"
(1828) sahen Weltgeschichte als einzige Verfalls-
geschichte seit den Erbsündenfall, den er im
Mord von Bauer Kain am Hirten Abel erkannte,
weniger schon in der Paradiesvertreibung ihrer
nomadischen Eltern ins verfluchte „Ackern".

Kennt Transzendentalidealismus neben Kants
Kategorien, Hegels Vernunftdialektik, Diltheys
historischem Apriori, Heideggers Existenzialien
auch noch individuelle Apriorität des Denkers?

Wissenschaft ist etwas mehr als Philosophie
ohne Literatur, doch Philosophie nicht einfach
Kunst plus Wissenschaft und Schönes mehr
als Wahres minus nur Richtiges.

Alle Mächtigen nehmen uns das Leben,
das der Allmächtige uns gibt.

Kant 2000 : Deine Freiheit beginnt da,
wo die meine endet.

Platon hätte auch eine Idee mehr auf seine
oder meine Meinungen hören sollen.

Wittgensteins unautorisiert letzte Worte:
Die Nachwelt ist alles, was der Todesphall ist.

Seit dem Sozialstaat gibt´s keine Sozialrevolution
mehr und einen Sozialstaat für Arme nur ohne
Steueroasen der Reichen.

Sah Hegel dort gleich Widersprüche und deren
Einheit, wo Schlegel (wie auch Lichtenberg) nur
Heterogenes und dessen Ähnlichkeiten erkannte?

Aphorismen haben mit Wissenschaften das *open
end* gemeinsam, mit Philosophien das Gehen aufs
Ganze, mit der Kunst die poetische Erfindung
und mit Religionen das Unendliche im Endlichen.

Holt der Greis die Jugend geistig ein, nehmen
Babyrunzeln die Greisenfalten naturhaft vorweg.

Demokratie : Macht eure Wahrheiten populär
und tut dann, was die relative Mehrheit will!

Hegels Rechtsphilosophie der gegenseitigen
Anerkennung aller Subjekte : Herren erkennen
die Knechte an – als Knechte. Arme und Reiche
lieben einander sogar.

Setzen wir Friedrich Schlegels durch den Tod abgebrochene „Lehrjahre" „Zur Theologie und Philosophie" anders fort als die agnostischen Bürgeraristokraten Nietzsche und Adorno! Schon Schlegel sprengte am Ende den transzendental-mystischen Katholizismus à la Fichte. Philosophische Meisterjahre sind ja geistesnomadische Wanderjahre, doch nicht postmodern fragmentiert wie bei Goethe. Die „Hieroglyphen der Natur" als „Chiffren der Transzendenz" (Jaspers)? Rekapituliert eine geistige Lebensgeschichte die materielle Weltgeschichte?

Kaufe wertlosen Trödel und werte ihn auf durch Wertstoffstofftrennsäcke!

Kants Imperativ : Ob nun Gesetz oder nicht, der Normalverbraucher geht nie vor nach „Maximen des Handelns", sondern nach maximalen Launen.

Gründet Bürgerinitiativen gegen die eigene Blödheit, haltet Mahnwachen für die eigene Kacke!

Antihegel. Das Positive als dialektischer Motor des Negativen : Durch Harmonie zum Tode, durch Leben zur Logik, per astrum ad asperum! Schlegel betrieb hingegen subjektive Dialektik als negative Mystik.

Aphoristiker sind natürlicher als Physiker, lebendiger als Biologen, weitsichtiger als Astronomen, punktgenauer als Mathematiker, menschlicher als Anthropologen, menschenkundlicher als Psychologen, überzeugender als Kommunikationswissenschaftler, fremdenfreundlicher als Ethnologen und weiser als Berufsdenker.

Der neue *cherubinische Wandersmann* ist nicht mehr nur Dichter, sondern ein Aphoristiker, der auch denkt.

Ist auch der Himmel Tag und Nacht ganzjährig erreichbar für jeden Einsatz und Klönschnack, doch unter welcher kostenlosen Handynummer?

Alles „Ganzheitliche", geschwefelt oder nicht, schwebt in ständiger Versuchung, totalitär aufs Ganze und damit zu(m) Grunde zu gehen.

Die antisemitischen Protestanten Fichte und Hegel opponierten dem Gatten der Tochter von Moses Mendelssohn, obwohl Fichte in Jena eher den Republikaner Schlegel als die Monarchisten Hegel und Schelling favorisiert hatte.

Musik nach Bach bis Berg : Tralala Umtatäterätä.

Klassiker Hegel und Frühromantiker Schlegel waren beide untätige Subjekte ohne objektive Tatsachen, der eine für systematische Allgemeinheit der Staatsreligion, der andere für individuelle Prophetie gegen den unsittlichen Notstaat.

Fertigprodukte sind heute wertloser als ihre Rohstoffe.

„I can get no satisfaction", die einer gekränkten Ehre noch keine Genugtuung verschafft.

Mutisten sind nicht Taubstumme, sondern gelten als kommunikationsgestört, wenn ihr bered(e)tes Schweigen dem gesellschaftlichen Dauergequatsche sich verweigert.

Die Matrone wird Matriarchin, wenn ihr Patron sie mit Patronen beschießt.

Was ist ein essayistischer Stil aus Sartre und Chesterton, ohne bei Gabriel Marcels katholischem Existenzialismus zu landen?

Hackordnung heißt, dass der Vormund das Mündel seines Mündels ist.

Die UNESCO gehört inzwischen selbst zum
Weltkulturerbe, das sie dauernd festlegt.

Laufstegmodels haben ihr Fett wegbekommen.

Edelmut war wie Höflichkeit ein Luxusgut
feudaler Edelleute. Die bürgerliche Schwundform
ist ermäßigt zu wohlfeiler Großzügigkeit.

Heute wird das aus dem Nichts erschaffene All
zu weniger als nichts zerkleinert, um ihm auf den
Grund zu kommen – bis zum negativen Überall.

Abschwung ist die gnädige Folge jedes Auf-
schwungs, damit auf den Schwingen des Fortschritts kein höllischer Himmel auf Erden kommt.

Mein Wort will keine Leser verletzen.
sondern nur ihr dickes Fell zeigen.

Denkbare Grenzen großer Denker

Platons Grenze liegt in antidemokratischem
Aristokratismus und totalitärer Ständestaats-
philosophie mit Nähr-, Wehr- und Lehrstand.

Aristoteles´ Grenzen liegen im goldenen Mix
aus Demokratie, Oligarchie und Despotismus.

Augustins Grenze liegt im fatalistischen
Leugnen menschlicher Willensfreiheit.

Thomas von Aquins Grenze liegt in der
Verkennung des dritten Monotheismus.

Descartes´ Grenzen liegen in Analytischer
Weltkonstruktion und in logischem Abgrund
zwischen Leib und Geist.

Spinozas Grenze liegt in der Heiligsprechung
der toten Mutter Natur, in der alle vaterlosen
Menschenkinder schwindsüchtig untergehen.

Leibnizens Grenze beruht auf infinitesimaler
Weltzerlegung in unendlich vieles Kleinstes.

Lockes Grenze liegt im platt nominalistischen Empirismus.

Humes Grenze liegt im Vertrauen auf gewohnten Affekt gegen Intellekt.

Rousseaus Grenze liegt in der naturideo-logischen Autokratie des Kollektivwillens über den freien Willen der Individuen.

Kants Grenze liegt im naturwissenschaftlich beschränkten Erfahrungsbegriff.

Fichtes Grenze liegt im „Totschlag der Natur" durch (fakten)freie Einbildungskraft, die sich für rationale Urteilskraft hält.

Hegels Grenzen liegen im arbeitsprotestan-tischen Geschichtsoptimismus ohne „faule Existenz" des unvernünftigen Individuums.

Schopenhauers Grenzen liegen in anti-demokratischer Rentnerphilosophie und mitleidloser Antisemitismus-Moral.

(Meine Grenze liegt in meinen Vorzügen.)

Pascals und Kierkegaards Grenze liegt im asketischen bis existenziellen Glaubenssprung in einen christlichen Irrationalismus.

Marx´ Grenzen liegen in antisemitischem Anti-Lumpenproletarismus, Produktivitätswahn und politökonomischcn Denkfehlern.

Nietzsches Grenzen liegen in antidemokratischem Elitismus, antitheistischer Allmachtsphantasie und perspektivischem Relativismus.

Heideggers Grenzen liegen in politischer Naivität, matriarchalischer Ontologie und antisemitischer Sprachpornographie.

Sartres Grenzen liegen in a(nti)theistischem Terrorhumanismus, totalitärer Freiheitsmetaphysik und politischer Naivität.

Blochs Grenze liegt in der Hoffnung auf rote Magna Mater mit stalinist. Stoffverstopfung.

Wittgensteins Grenze liegt in alternativloser Alternative von logischer Kunstsprache und konformistischem Sprachspiel, was er aber nonkonformistisch fragmentiert ausspielt.

Adornos Grenzen liegen im Antitheismus, Antiproletarismus und Nietzschekult.

Jaspers' Grenzen liegen im nur mütterlich „Umgreifenden" und in der existenziellen Einheit von puritanischem Sein und Denken.

Carnaps Grenzen liegen im logischen Positivismus wissenschaftlicher Protokollsätze.

Luhmanns Grenzen liegen im Verwaltungssystem ohne intellektuelle Öffentlichkeit.

Sir Poppers Grenze liegt in der Beschränkung auf gesellschaftstechnisch expertokratische Wissenschaftstheorie ohne Laiendemokratie.

(Herbert) Marcuses Grenze liegt in bloßer Kulturrevolution ohne Sozialrevolution.

Bei Habermas scheitert die herrschaftsfreie Diskursvernunft an der Klassengesellschaft von Arm und Reich, gebildet und ungebildet. Habermas' Grenzen liegen in der kontrafaktischen Konsenstheorie der Wahrheit von antiproletarischen Kleinbürgerinitiativen.

Husserls Grenzen liegen in der Methode,
die nie zur Sache und ihrem Unwesen kommt:
„Wesensschau" folgt nicht aus begrifflicher
Begriffskritik.

Derrida verwechselte interpretierte Interpretationen mit interpretiertem *Buch der Natur* und
phantasierte gegen Logophallozentrismus.

Foucaults Grenzen liegen in systematischer
Ohnmacht des Individuums vor Systemen.

Blumenbergs Grenzen liegen in der Über-
schätzung technologischer Neuzeit gegen
den „Absolutismus der Wirklichkeit".

H. Schmitz′ Grenzen liegen in Moralrelati-
vismus und ganzheitsphänomenologischer
Gefühlsschau.
.

Davilas Grenze liegt in sozialem Privileg und
antidemokratischem Stände-Katholizismus.

J. Butlers Grenze liegt in genderisierter Sex-
verleugnung.

„Der Gott der Philosophen" *(W. Weischedel)*

Heraklit : „Tretet ein, auch hier sind Götter."

Platon : Polytheist eines „Urgrunds" der Welt ersetzte den Mythos durch Logos.

Aristoteles sah uns in ewiger Welt wie durch Liebe bewegt vom „unbewegten Beweger".

Thomas v. Aquin: katholischer Hausphilosoph

Epikur, Lukrez : Götter in jenseitigen Intermundien kümmern sich nicht um Menschen.

Stoiker folgten einer göttlichen Weltvernunft.

Cusanus : absolutes „Potest" (Könnensein) als mystische „coincidentia oppositorum".

Pascals Wette („Pensées") : Gibt es keinen Gott, verlieren Gläubige nicht viel; gibt es einen, verlieren Ungläubige unendlich viel.

Descartes („homme en masque") : Moderner Mathematiker unter katholischer Maske.

Pantheist Spinoza : „Deus sive natura".

Leibniz : protestant. "Theodizee" (1712): Die Welt ist als beste aller möglichen erschaffen aus Kompossibilität höchster Komplexitäten.

Kant ; „Religion innerhalb der Grenzen der bloßen Vernunft" (1794) ist nur Morallehre unter „regulativer Gottesidee", unbeweisbar und unabweisbar zugleich. Der gute Wille allein ist gut und „glückswürdig".

Fichte : Mystische Gottesidee korreliert mit dem absoluten Ich der „Wissenschaftslehre".

Schelling : antisemitische Christozentrik von mythologischen „Weltaltern".

Hegel : antisemitische Metaphysik des Protestantismus. Monotheistische Dreifaltigkeit: Judaismus, Katholizismus und Reformation. Philosophie sagt den Gebildeten in Begriffen dasselbe, was Religion dem Volk in Bildern sagt : christl. Gehalt, metaphysische Gestalt.

Kierkegaards Glaubenssprung in protestantischen Irrationalismus: „existentiell. Wagnis".

Marx : assimilierter Jude gegens Gesetz der Väter. Sozialistische Thora-Transformation.

Schopenhauer : antisemitisch „buddhistischer Paranoiker" (Canetti), christl. Mitleidsmoral.

Nietzsche : homosexuell. Übermensch ohne Über-Ich, Theozidant gegen Paulus und Plato.

Wittgenstein : schwuler Christ mit konformistischem *linguistic turn* auch am Wort Gottes.

Heidegger : katholischer Apostat, doch „Nur
ein Gott kann uns noch retten". Sein „Seyn"
selbst schickt Heiliges, nicht umgekehrt.

Max Scheler : „Heidegger ist ein statischer
Denker, ich halte es mit den Propheten."

Jaspers : nur noch protestantische „Chiffren
der Transzendenz" ohne Offenbarungsgehalt.

Bloch : „Atheismus im Christentum" eines
assimilierten Juden. Prinzip Hoffnung auf
rote Magna Mater, des Teufels Großmutter.

Adorno : assimilierter Jude gegens Gesetz der
Väter, doch philosophische Reformulierung
religiöser Erlösungsideen.

Habermas : „religiös unmusikalische" und
„nachmetaphysische" Rettung religiöser
„Sinnressourcen" für säkulare Demokratien.

Levinas : thoranischer Phänomenologe.

Davila : orthodox katholischer Philosoph.

Komisches gegen tragisches Denken

Demokrit von Abdera und Diogenes von
Sinope verlachten jeden, der sie auslachte.
Heraklit von Ephesos und Platon von Athen
fanden jeden lächerlich, der über alles lachte.

Aristoteles stellte den heiteren philogelos
in den Dienst der Tugenden.

Pascal : „Se moquer de la philosophie,
c´est vraiment philosopher."

Descartes zog geselliges Scherzen (raillerie)
dem arrogantenVerspotten (moquerie) vor.

Hippokrates machte Medizin zu Aphorismen,
Kant machte Humor zur Medizin, Geselliges
Scherzen befördere die Humanität. Im Witz
zerplatze gespannte Erwartung zu nichts.

Hegels System war ein „Universalwitz von
Witzen" (H.Schmitz), „Einheit von Entgegen-
gesetztem", Identifikation der Widersprüche.

Fr. Schlegel verteidigte Ironie, Paradox,
Witz und Bonmot gegen Hegels Synthesis
aller Synthesen, in der sie nur Momente sind.
(Hegels synthetisches Ganzes aller Fragmente
Schlegels erst wäre das einzig Wahre.)

Schopenhauer deutet das „Lächerliche" als Inkongruenz von Bild und Begriff: Das Gefühl sprenge die Vernunft, unter die es fällt.

Bergson verteidigte 1899 lebendiges Lachen gegen alles Mechanisierte: Zeit gegen Raum, aber auch Flexibilität gegen Prinzipientreue.

Wittgenstein : „A serious and good philosophical work could be written and would consist entirely of jokes."

Nietzsche setzt Pariser Esprit gegen schwerfälligen deutschen Geist und will lieber tanzen und lachen als nur lächeln und scherzen.

Nietzscheaner Adorno rechtfertigte den Aphorismus als beste philosophische Form, nicht aber Humor und Satire contra blutigen Ernst.

Man kann den, der sich mit seinem Ideal verwechselt, auslachen wie Demokrit oder beweinen wie Heraklit – aus bloßer Eitelkeit? Die Philosophiegeschichte Europas bleibt laut Whitehead aber eine „Reihe von Fußnoten zu Platon", dem trockenen Sprachspielverderber. Werden Platons Dialoge und Heraklits Rätselsprüche zu Demokrits u. Nietzches Gelächter?

„Der Kerl hat keinen Wert für die Gemeinschaft. Er ist einfach nur ein Individuum. *(L. F. Céline)*

Leichte bis schwierige Werke großer Denker

Platon : „Das Gastmahl" bis Dialog „Parmenides"

Aristoteles : „Rhetorik" bis „Metaphysik"

Augustinus : „Bekenntnisse" bis "Gottesstaat"

Thomas v. Aquin : „Über die Herrschaft der Fürsten"
bis „Über die Wahrheit"

Spinoza : „Theologisch-politisch. Traktat" bis „Ethik"

Leibniz : „Theodizee" bis „monalogische"
Infinitesimalrechnung

Kant : „Beobachtungen über das Gefühl des Schönen
und Erhabenen" bis „Kritik der reinen Vernunft"

Maimon : „Lebensgeschichte"
bis „Versuch einer neuen Logik"

Fichte : „Die Bestimmung des Menschen"
bis „Wissenschaftslehre" (1794)

Hegel : „Vorlesungen zur Ästhetik"
bis „Wissenschaft der Logik"

Marx : „Kommunistisches Manifest"
bis „Grundzüge der politischen Ökonomie"

Schopenhauer : „Aphorismen zur Lebensweisheit"
bis „Die Welt als Wille und Vorstellung"

Kierkegaard : „Tagebuch eines Verführers"
bis „Philosophische Brocken"

Husserl : „Philosophie als strenge Wissenschaft"
bis „Formale und transzendentale Logik"

B. Russell : „Philosophie des Abendlandes"
bis „Principia mathematica"

Carnap : „Mein Leben" bis
„Der logische Aufbau der Welt"

Heidegger : „Feldweg-Gespräche"
bis „Beiträge zur Philosophie"

Jaspers : „Wohin treibt die Bundesrepublik?"
bis „Von der Wahrheit / Philosophische Logik"

Bloch : „Spuren" bis „Tübinger Einleitung
in die Philosophie"

Adorno : „Minima moralia" bis „Negative Dialektik"

Sartre : „Der Existenzialismus ist ein Humanismus"
bis „Kritik der dialektischen Vernunft"

Habermas : „Philosophisch-politische Profile"
bis „Theorie des kommunikativen Handelns"

Drum stinke, wem Gestank gegeben
Bajazzo-Drabble

"Singen wir im Schein der Kerzen",
sinken wir in Pein der Schmerzen
mit ruchlosen Scherzen?
Du singst und tanzt lachend
überm singenden, klingenden Abgrund
wie der Reiter vom Bodensee:
Odysseus nimmt heut Ohropax
gegens Geheul der Sirenen,
doch große Oper ist,
wenn man verreckt mit Arien.

"Mainz, wie es singt und lacht",
ist nimmermehr Meins,
wie es ringt und kracht.
Ist ein Gedank im Gesang?
Mit lautem Singen
wird alles gelingen,
was wir anfingen,
als wir am Baume hingen,
wir werden es bringen:
Rede, wem Gesang genommen
und nur Gestank gegeben
mit hohem Vitamin C:
Brülle, wem Geschrei gegeben!

Drei leicht bedrabbelte Drabbles

Zeugnisse oder Erzeugnisse?

Ein *Dichter* ist auf der Welt, um Zeugnis abzulegen von dem, was er von ihr sieht und um sich dadurch gegen ihre überwältigende Gleichgültigkeit so zu behaupten, dass seine Kunden ihm dafür tolle Schulzeugnisse ausstellen, in alle Ewigkeit. Meist kommt dabei allerdings nur ein materielles plus geistiges Armutszeugnis heraus.

Ein *Denker* ist dazu da, weniger leibliche Kindsköpfe zu zeugen als geistige Kinder zu erzeugen, die Platon *Ideen* nannte.

Das übrige Edelpack, das deren Erzeugnisse sowieso nie zur Kenntnis nimmt, zeugt in Betten saudämliche Früchtchen und erzeugt in Fabriken genauso erdämliche Produkte, für die es dann lebenslang schuften kann.

Versetzen, verstellen, verlegen:
Versatzstücke

Wenn eine Frau heutzutage einen Mann versetzt, ist es nicht so schlimm wie umgekehrt, heißt es.

Oft werden Menschen auch in die nächstniedrige Klasse zurückversetzt, erst in der Schule, später in der Gesellschaft. Das versetzt einen Choc, von dem sich manche nie ganz erholen. Ebenso oft ist die Versetzung in die nächsthöhere Gehaltsklasse gefährdet.

Wer sich in andere Menschen nicht hineinversetzen kann, um die Welt einfühlsam auch einmal probeweise mit deren Augen anzusehen, gilt als egoistisch, narzisstisch oder autistisch – vor allem bei denen, die das selber noch weniger können und wollen.

Manches Leben ist nur Versessenheit auf Versitzung.

Die Hochzeit auf dem Tiefpunkt

Das Menschenleben erstreckt sich vom Hochzeitsweiß, das alle bunten Farben umfasst, bis zum Leichenweiß, dass alle Farben hinter sich lässt. Freit ein Mann eine Frau (die längst vorher *ihn* erwählt hatte), befreien sich beide von ihren Eltern, von der eigenen Jugend. Die gute Ehe, schrieb *Chesterton*, beginnt nach den Enttäuschungen der Hochzeitsnacht und der Flitterwochen. Hochzeit ist ein Fest der Verwandten, die sich gleichsam widerwilligst mitverheiraten.

Die Hochzeitsfeier ist nichts als ein riesengroßes Schlachtfressen mit besinnungslosem Besäufnis nach hirnrissigsten Hochzeitstoasts auf das sauglückliche Paar, das heutzutage nach durchschnittlich sieben Ehejahren schon wieder geschieden ist wegen "unheilbarer Zerrüttung". Hierzulande heutzutage.

Ein *Bern-Lied,*
wo Stern glüht:
Nie fernsieht,
wer gern sieht,
gern fern flieht,
wo Luzern blüht
ohne CERN-Schiet
mit Genf-Senf.

TUCHOLSKY (1890 - 1935)

Wenn ein Mann weiß, daß die Epoche seiner stärksten
Potenz nicht die ausschlaggebendste der Weltgeschichte ist – : das ist schon sehr viel.

Er war sehr eitel darauf, nicht eitel zu sein.

Wenn wir einmal nicht grausam sind, dann glauben
wir gleich, wir seien gut.

Ich reiste im Traum nach Kottbus und ließ dortselbst
meine Handtasche stehen. Jetzt muß ich zurückträu-
men und sie holen.

Nähme man den Zeitungen den Fettdruck – :
um wieviel stiller wäre es in der Welt.

Selbst die Nachrichten,
die nicht in der Zeitung stehen, sind erlogen.

Ein schlechter Journalist ist noch kein Philosoph.

Der Leser hat´s gut : er kann sich seine Schriftsteller
aussuchen.

Was man nicht sagen kann, bleibt unerlöst.

Nichts verächtlicher, als wenn Literaten Literaten
Literaten nennen.

Jeder historische Roman vermittelt ein ausgezeichne-
tes Bild von der Epoche des Verfassers.

Shaw. So ernst, wie der heiter tut, ist er gar nicht.

Was kann das schon sein,
wenn es die Zensur erlaubt hat!

Wegen ungünstiger Witterung fand die deutsche Revolution in der Musik statt.

Das Schönste am Sonntag ist der Sonnabend Abend.

Das Loch ist ein ewiger Kompagnon des Nicht-Lochs:
Loch allein kommt nicht vor, so leid es mir tut.

Die Seele jeder Ordnung ist ein großer Papierkorb.

Nur Verrückte merken, daß Verrückte verrückt sind.

Es gibt vielerlei Lärm, aber es gibt nur eine Stille.

Man sollte gar nicht glauben, wie gut man auch ohne
die Erfindungen des Jahres 2500 auskommen kann!

Das ist, glaube ich, die Fundamentalregel allen Seins:
Das Leben ist gar nicht so, es ist ganz anders.

Es ist ein großer Irrtum, daß die Menschheits- Probleme 'gelöst' werden. Sie werden von gelangweilten
Menschen liegen gelassen.

In Deutschland arbeiten die Arbeiter,
damit die Angestellten etwas zu schreiben haben.

Phantasie haben doch nur die Geschäftsleute, wenn sie
nicht zahlen können.

Wenn mans im Lebend" zu was bringen will,
muß mans zu was gebracht haben!

Der Mensch darf nicht,
also sollen die anderen auch nicht.

Jede Glorifizierung eines Menschen, der im Kriege getötet worden ist, bedeutet drei Tote im nächsten Krieg.

Die Siegesgöttin ist nach verlorenen Kriegen ein Friedensengel.

Wenn bei uns die Ideen populär werden, dann bleibt die Popularität, die Idee geht gewöhnlich zum Teufel.

Der Mensch hat zwei Beine und zwei Überzeugungen: eine, wenn´s ihm gut geht, und eine, wenn´s ihm schlecht geht. Die letztere heißt Religion.

Was die Kirche nicht verhindern kann, das segnet sie.

Der Staat hat überall die Religion ersetzt, wo die zu schwach ist, die metaphysischen Bedürfnisse von Kinobesuchern zu befriedigen.

Deutschland ist eine anatomische Merkwürdigkeit. Es schreibt mit der Linken und tut mit der Rechten.

Nie geraten die Deutschen so außer sich, wie wenn sie zu sich kommen wollen.

Die Deutschen haben zwar nicht das Pulver erfunden, wohl aber die Philosophie des Pulvers.

Dies ist die wahrste aller Demokratien, die Demokratie des Todes.

HEINRICH WIESNER

Gottvater ist tot. Er hinterließ zwei Testamente.

Das Verhalten des Atoms ist gesetzmäßig.
Seine Anwendung gesetzlos.

Die Menschheit kam immer noch einmal davon.
Die Opfer nicht eingerechnet.

Sozialistische Bruderliebe kennt keine Grenzen.

Der Kannibalismus hat die pervertierteste Form erreicht. Man tötet den Menschen, ohne ihn zu essen.

HANS KUDSZUS

Abstand wahren ist der kürzeste Weg in die Nähe des anderen.

Meine Verfolger müssen mir schon folgen.
Sonst verfehlen sie mich.

Wir halten uns nie so innig an uns selber fest,
als wenn wir uns gehen lassen.

Je näher wir dem Spiegel treten,
umso mehr trüben wir ihn mit unserem Atem.

Wenn wir uns verstehen,
müssen wir uns falsch ausgedrückt haben.

ARTHUR SCHNITZLER

Manches gestehen, das bedeutet meist einen hinterhältigeren Betrug, als alles verschweigen.

Als Künstlernatur bezeichnen wir im Allgemeinen die Summe der Eigenschaften, die den Künstler im Produzieren behindern.

Ein neuer Gedanke - das ist meist eine uralte Banalität in dem Augenblick, da wir ihre Wahrheit an uns selbst erfahren.

Unversöhnlichkeit der Ansichten? Verschiedenheit der Temperamente.

Es ist keine Höflichkeit, einem Lahmen den Stock tragen zu wollen.

Wahrhaft ungütig sind wir nur gegen Menschen, von denen wir wissen, daß sie uns niemals verlorengehen können.

Auch denen, die uns lieben und verehren, wird nicht eher in unserer Nähe wohl, als bis sie entdeckt haben, wo wir sterblich sind.

Auch das Chaos gruppiert sich um einen festen Punkt, sonst wäre es nicht einmal als Chaos da.

Wenn Ihr den Gott lobpreist, ohne dessen Willen kein Sperling vom Dach fällt, warum prügelt Ihr den Knaben, der ihn herunterschießt?

Man hat es so leicht, seine Erinnerungen zu schreiben, wenn man ein schlechtes Gedächtnis hat.

M. HEIMANN

Die Zwiebel besteht aus lauter Häuten –
also gibt es keine Zwiebel.

Wer ganz Ohr ist, hört nicht.

Es ist leichter, zehn praktische Gedanken zu fassen als
einen theoretischen, und wiegt auch dementsprechend
weniger.

Wir prätendieren in Gesellschaft mehr, als wir haben,
weil wir innewerden wollen, daß wir noch mehr
haben, als wir prätendieren.
Was ist Jugend? - Zu glauben, daß auch der tödlichste
Streich noch lebendig macht.

Wir sollten aus keinem Gedanken mehr machen,
als er aus uns macht.

SCHAUKAL

Wer nicht fühlen kann, muß hören, was andere sagen.

Unter 'Fortschritt' verstehen die meisten - unbewußt -
die Unfähigkeit, Wurzel zu fassen.

Wenn einer eine Reise tut, glaubt er davon erzählen zu
dürfen.

Reife muß nicht gleich in Säure übergehen.

Wenn die Menschen sich nicht aushalten, unterhalten sie sich miteinander.

Grundsätze hat jedermann, wo er Herr ist.

LE FORT

Geboren wird nicht nur das Kind durch die Mutter, sondern auch die Mutter durch das Kind.

Gesindel ist immer auch guter Regungen fähig, denn das eben macht es ja zum Gesindel, daß es zu allem fähig ist.

Gerechtigkeit ist nur in der Hölle; im Himmel ist Gnade und auf Erden das Kreuz.

Es gibt eine Gemeinschaft zwischen Sündern und Gerechten, denn es gibt überhaupt keine Gerechten.

MUSIL

Der moderne Mensch ist feig, aber er lässt sich gern zum Heroismus zwingen.

Nicht das Genie ist 100 Jahre seiner Zeit voraus, sondern der Durchschnittsmensch ist um 100 Jahre hinter ihr zurück.

W. RAABE

Es tötet nichts so sicher als das Leben.

Durch 'gewissenlos' antizipiert man im Grunde nur die
ewige Seligkeit.

Die Menschen sind nur allzu häufig imstande,
wenn das Lebendige unter den Toten erscheint,
das erstere für das Gespenst zu halten.

Es fällt immer eine erste Schneeflocke,
was für ein Gewimmel nachher kommen mag.

W. BUSCH

Eine gute Unterhaltung besteht nicht darin,
daß man selbst etwas Gescheutes sagt,
sondern daß man etwas Dummes anhören kann.

Wo was wächst, gleich ist wer da, der's frißt.

Des Schweines Ende ist der Wurst Anfang.

Er hat den Hals zu voll, um "danke!" zu sagen.

Enthaltsamkeit ist das Vergnügen
An Sachen, welche wir nicht kriegen.

Bequeme Leute, wenn sie gähnen, lassen sie meist
gleich das Maul offen fürs nächste Mal.

Wer sich keinen Punkt denken kann, der ist einfach zu
faul dazu !

Wer sich auf das Gebiet des Verstandes begibt,
muß sich den Gesetzen des Landes fügen.

Wer anders glaubt, ist schlecht,
wer anders denkt, ist dumm.

Wer beobachten will, darf nicht mitspielen.

Um Neid ist keiner zu beneiden.

Wir mögen's keinem gerne gönnen,, daß er was kann,
was wir nicht können.

Das Gute - dieser Satz steht fest -, ist stets das Böse,
was man läßt.

Was man besonders gerne tut,
ist selten ganz besonders gut.

Erwischtes Laster verzeiht eher
als erwischte Dummheit.

Die Reue wegen Unterlassung einer bösen Tat ist ...
nur zu häufig.

Gott zieht an einer Hand,
der Teufel an beiden Beinen.

Nervosität ? Ein neumodig Wort.
Sonst nannte man's böses Gewissen.

Die Frage ist oft eine Mutter der Lüge.

Die Lüge macht sich gut von vorn, die Wahrheit mehr

von hinten.

Was Frau Wahrheit betrifft, so zeigt sie sich selbst ihren intimsten Verehrern nur in keuscher Umhüllung.

Ein Haar in der Suppe mißfällt uns sehr, selbst wenn es vom Haupt der Geliebten wär.

Das Feinste fällt durchs Sieb.

Mit sich selbst ist man nicht immer in der feinsten Gesellschaft.

Schneide einen Dieb vom Galgen,
und er bestiehlt dich.

Dummheit ist auch eine natürliche Begabung.

Man merkt's, wer auf den rechten Weg will, durchaus durch sich selbst hindurch muß.

Auf der eigenen Leiter steigt man nicht
über die Mauer des Paradieses.

Mancher kann nicht aus dem Fenster hinausdenken.

Fernsicht gibt's, und wär's nur von einem Maulwurfshaufen.

Lachen ist Ausdruck der gekitzelten Eitelkeit.

Gesunder Magen bleibt unbeachtet:
Viel Arbeit, wenig Dank.

Scheint die Welt so groß, weil der Kopf so klein?

Wer zu spät kommt, sieht nach der Uhr.

Der Philosoph wie der Hausbesitzer
hat immer Reparaturen.

Materie ist die Hartnäckigkeit
der kleinsten Lebewesen.

Alle Worte scharwenzeln um die Wahrheit herum;
sie ist keusch.

Er ist so freudenvoll, daß ihm der Stöpsel aus der Seele fliegt.

Sagst du 2 * 2 = 4, so ist das klar, aber leer. Sagst du
"Wurst", so ist was drin; aber kann man das Wesen
einer Wurst ergründen?!

Man kann sein Geld nicht schlechter anlegen als in
ungezogenen Kindern.

Metamorphosen der aphoristischen Metaphysik

Macht ist die Kraft, allen ihre Schwächen
genüsslich zu demonstrieren.

CT und MRT blamieren nackte Tatsachen
bis auf die Knochen, die sie verkochen.

Der Glaube glaubt an den Zweifler
und verzweifelt am Gutgläubigen.

Wir sind zu hellwach und nicht zu verschlafen,
zu anspruchslos und nicht zu gierig, zu aktiv und
nicht zu bequem, zu dumm verkauft und nicht
zu dumm, zu orientierungslos frei und nicht zu
besserwisserisch, zu launisch und nicht zu unfrei,
und haben zu viele unbeantwortbare Fragen,
nicht zu viele verantwortungslose Antworten.

Sein Einwurf verwirft die Entwürfe ohne Gründe,
der Aphorismus lügt das Ungenaue vom Himmel
herunter. Seine dogmatische Skepsis verachtet
Argumente, gute wie schlechte, und geriert sich
doktrinärer als seine Intimfeinde. Er diskutiert ja
nicht, er fertigt ab, fährt von oben herab über den
Mund und hält Parlamente für „Quasselbuden".

Billets oder Bidets?

Nur am Tag wird die Nacht wieder schwarz,
nur nächtens träumen wir vom Tageslicht.

Rede lieber in deiner Art über die weite Welt
als über dich selbst nach Art der großen Welt.

Ich habe es nur zum Aphorismenverbesserer
gebracht.

Fehlt dir mehr, als du verloren hast,
oder findest du mehr wieder, als du vermisst?

Vergib ihnen nicht immer, denn sie wissen,
was sie nicht tun!

Die verwirrende Fülle der Natur ist das Einfachs-
te von der Welt. „Das einfache Leben", das wir
suchen, ist eine sehr komplizierte Sache.

Man kann nicht zur Natur zurückkehren,
weil sie sich hinter unserem Rücken versteckt,
überall und nirgends wie etwas Übernatürliches.

Sei einfach kompliziert, sonst wird die Einfachheit zu deinem Komplex.

Die Natur ist das Unbewusste in uns, unbewusster als die Unkultiviertheit.

Der moderne Hedonist verachtet, was er genießt, und genießt seine Verachtung.

Gibt es etwas Komischeres als eine Theorie der Komik und etwas Lächerlicheres als verbissene Philosophien des Lachens?

Realisten machen den Fehler, nichts Wirklicheres als die Realität zu suchen.

Je schriller und schneller die Maschinen werden, desto mehr schläfert ihre Langweiligkeit uns ein.

Jedes Rätsel ist ein Schweigen,
jede Lösung eine Explosion.

Wer Gottvater durch Mutter Natur ersetzt, entdeckt bald die Rabenmutter, die er durch industriellen Kapitalismus oder Sozialismus ersetzt.

Rousseaus Garten von Eden entpuppte sich als
Kaufhausparadies, das *Paradies der Werktätigen*
von Marx als Hölle auf Erden.

Toleriere das Universum mehr
als die Universitätstheorien davon!

Manches ist heute zu notwendig,
um getan werden zu können.

Der Fromme ist gegenüber dem Forscher
eher ein Poet und skeptischer Agnostiker.

Um dir davonzulaufen und nicht nachzulaufen,
muss man dir erst nahe genug kommen.

Der heutige Genussmensch sorgt sich viel
zu sehr um seine Sorglosigkeit, nimmt seine
Vergnügungssucht zu bierernst und seinen
Leichtsinn zu schwer, um nicht das Tier in sich
zu vergöttern. Er kann Schiller nicht genießen
wie das Kind sein Kasperletheater.

Wissenschaft relativiert Absolutes
und verabsolutiert Relatives, aber
Religion relativiert Verabsolutiertes.

Verdammt!, da wird ein Unschuldiger verdammt!

Wenn ein schwacher Mensch wie Petrus das
Felsfundament einer Weltkirche werden kann,
darf ein Feigling hoffen, ohne Märtyrertum
gerettet zu werden. Heilige sind ihm keine
Heldenidole, sondern Mahnungen zur Demut.

Wer die Geschichte nicht schreibt und versteht,
macht und erzählt nur Geschichten.

Hat ein Star einen Vogel,
muss es kein grauer Star sein.

Mit Kirche, Küche und Kindern kann sie zuhause
zweckfrei lesen, mit Chef, Konkurrenten und
Stress kann sie im Betrieb nur sklavisch schuften.

Der junge Autor muss sehen, dass er sich nicht
schon zuweilen wiederholt; der alte Autor darf
sich freuen, wenn er sich zuweilen nicht nur
wiederholt.

Leider ist der Misanthrop nicht immer
der unerwünschte Wahrsager, sondern
oft nur eine beleidigte Leberwurst.

Wer Jungen das Raufen verbietet,
macht sie zu Kriegstreibern.

Bildung als Luxus, Ausbildung als Berufsarbeit.

Was Naturwissenschaft an ihren Objekten objektiv nennt, ist durch ihre Methoden sehr subjektiv.

Macht der Mensch sich zum höheren Affen, wird
er ein Irrer, das Gegenteil eines Menschenaffen.

Ein Weltbild, die so wuchtig sein will
wie die moderne Maschine, wird so blassgrau
wie die Reißbrettblätter ihrer Entwickler.

Wer den Armen nicht mal Rauchen und Saufen
gönnt, muss ihr Leben so leicht machen wie seins

Raumfahrt wird von Steuergroschen bezahlt.
Freiwillig bekäme sie keinen Cent.

Malt der Müller das Korn zu Müll,
ist die Form eine Hüll ohne Füll.

Vergib ihnen, denn sie wissen, was sie nicht tun!

Man schreibt so viele Aphorismen, weil kein
Geistessystem das Geringste zu Ende denkt.

Republiken wollen nicht mehr von gekrönten
Häuptern regiert werden, sondern nur noch
von Ölkönigen und Waldbaronen.

Der Unterschied zur Logik liegt vielleicht darin,
dass im Leben x = 0 ist und nicht 0 = x.

Unnützes Wissen ist das Notwendigste heute,
wo Nützlichkeit selber schädlich geworden ist

Auch Ungehorsam gegen die Wahrheit
heißt heute Freiheit.

Eine Angststörung sollte bei denen diagnostiziert
werden, die überhaupt keine Angst haben,
sondern Furcht und Schrecken verbreiten.

Atheisten machen jeden zu einem Kaspar Hauser.

Der allgemeine Wille zum Absoluten wird zum
absoluten Willen und will nichts als sich selbst.
Mehr als Leben ist nur noch mehr Leben.

Was logisch möglich ist, existiert bereits wirklich in mindestens einem einzigen Exemplar und kann auch religiös dann nur noch in höchstens einem Exemplar existieren. Der modale Gottesbeweis erschleicht auf solche Weise sein Resultat.

Endlose vergebliche Klimmzüge machen einige, um ein Objekt objektiv zu erreichen, und andere, um ihre Subjektivität auch nur zu berühren.

Manche jungbewegte Greise waren in ihrer Jugend uralte Leute.

Wissenschaft erzeugt Langeweile, weil sie mit komplexesten Mitteln alles platt macht, während Kunst die filigransten Gefühlsverwicklungen mit einfachsten Worten versteht.

Philosophischer Grobianismus feinsinnigster Aphorismen schlägt gern Schneisen durch das Dickicht langer Schultraditionen des Denkens.

Manch einer, der keinen Ruhm genießen durfte, tröstet sich mit der Hoffnung, dass nach dem Tod sein Schaffen in anderen Menschen auch Eigenes auslösen könnte, womit er selbst nie gerechnet hätte und auch gar nichts anfangen könnte.

Meinen ungebildeten Nachbarn verstehe ich immer und sofort, wenn er Gefühlsverwirrungen beklagt, nicht aber den Neurobiologen, der mein und sein Herz als Epiphänomene wegerklärt.

Mancher muss viel Schrott schaffen, um wenige Goldkörnchen darin zu verbergen.

Laut Kant soll ich dich zugleich als Selbstzweck achten, wenn ich dich zum bloßen Mittel meiner Zwecke mache. Nach Sartre will ich Selbstzweck sein, der dich als Mittel benutzt, damit ich dich nicht als Selbstzweck hochachten muss, der mich als Instrument nimmt.

Kritisierte Schlegels romantische Ironie nur jene Realpolitik, die er direkt pries, und tasteten seine Fragmente sich an die ganze unaussprechliche Unwahrheit seiner Zeit heran, deren Wahrheit Hegels Dialektik rühmte? Die ganze Wahrheit übers unwahre Ganze konnte er nur indirekt andeuten. War der magische Idealist Novalis der Ritter Don Quichote des christlichen Mittelalters?

Was lässt sich aus europäischer Philosophiegeschichte heute übernehmen?

Das Alte Testament bietet den Wertekanon einer absoluten Instanz und zur Lösung der sozialen Frage das „Erlassjahr".

Das „Neue Testament" der Christen bringt den Armenpropheten Jesus und verheißt das Himmelreich gegen alle Weltreiche.

Der Katholizismus preist Bettelmönchsorden und aristotelische *Vita contemplativa* und gegen die protestantische Verherrlichung der Arbeitswelt. Die Reformation heiligt die freie Subjektivität der Neuzeit (aber bitte ohne lutherischen Antiproletarismus und Antisemitismus).

Der dritte Monotheismus vereinigt die Essentials der beiden früheren in Klarheit und Einfachheit.

Der Prolet Sokrates demonstriert allen, die etwas zu wissen glauben, dass sie gar nichts wissen.

Sein aristokratischer Schüler Platon verteidigt die substantielle Idee gegen ihre prinzipiell unvollkommenen Realisierungen.

Sein bürgerlicher Schüler Aristoteles heißt allein das theo-retische Leben göttlich.

Sophisten verteidigen Demokratien gegen Platon.

Epikur empfiehlt vernünftig maßvolle Genüsse.

Stoiker bis Descartes wollen lieber sich selbst
als die Welt verändern.

Kyniker geben mehr Freiheit durch weniger
Bedürfnisse im Einklang mit der Natur.

Skeptiker wollen weder Relatives verabsolutieren
noch Absolutes relativieren.

Augustinus vereinigte Christus und Platon,
Thomas Aquin aber Christus mit Aristoteles.

Bei Spinoza offenbart der Schöpfer sich allein
in der Schöpfung.

Descartes befreit das stolze Selbstbewusstsein
vom Materiellen wie die Geometrie von der Erde.

Leibniz treibt Weltanalysen nur bis zu Monaden
und nicht bis ins unendlich Kleine und Nichts.

Kant konstruiert die reale Weltstruktur aus
Sinnesdaten und freier Subjektivität.
Gut sei allein der gute Wille, das Rechte zu tun.

Aus Kants Dialektik regulativer Wissenschafts-
ideen (Gott, Welt, Seele) macht Hegel im An-
schluss an Fichtes absolutem Subjektivismus den
panlogischen Idealismus, wo jeder Satz nur durch
seinen Gegensatz hindurch bedeutet, was er sagt.

Fr. Schlegels Fragmente deuten nur an, dass
Hegels wahres Ganzes ganz unwahr ist. Er rettet
schon wie Adorno das Individuum vor der Allgemeinheit, schüttet aber das kosmische Ganze
nicht mit dem sozial Totalitären aus. Fr. Schlegel
betont gegen Hegels Fortschrittsoptimismus
den Verfallspessimismus seit dem Mittelalter.

Schelling sieht Kunst als „Organon der Wahrheit"
und „unvordenkliches Seyn" (Natur) gegens reine
Ich Fichtes, das Absolute als *Indifferenz* gegen
verabsolutierte Subjektivität und Objektivität.

Marx schützt den Blaumann vorm Handelsmann,
den Hegel vorm Edelmann schützt.

Pessimist Schopenhauer zieht neugieriges Wissen
dem habgierigen Willen vor. Was er zur dieser
gelehrten Muße von dem leiblichen Vater erbte,
müsste der Prolet von Vater Staat sich ertrotzen.

Von Nietzsche übernehme man das geistreiche
Bonmot gegen systematischen Zeitgeist und den
individuellen Selbstbehauptungswillen gegen All
und gemeine Allgemeinheit.

Von Wittgenstein lässt sich lernen die absolute
Gewissheit mathematischer Logik und die relative Wahrheit seiner fragmentierten *Sprachspiele*.

Heidegger rettet Schellings Naturseyn vor dem
totalitären Machtwillen der Neuzeit auf seinen
„Feldwegen" in Gelassenheit, die alles sein lässt.

Sozialistischer Materialismus brachte Menschen nicht vom Traumhimmel auf die Erde zurück, sondern unter die Erde. Hegel setzte ihnen einen Kopf auf, den Marx auf die Plattfüße stellte.

Jeder hat das Recht, Recht zu haben, aber wer hat zurecht richtig Recht?

Nur Kenntnisse machen Streitgespräche erst nötig, nicht überflüssig.

Knechtschaft löst sich nicht in Stoizismus und Skeptizismus auf, sondern Hegels „absolutes Wissen" bleibt „unglückliches Bewusstsein".

Der Herr formt seine Knechte, Dinge für seinen Genuss zu formen, doch der Knecht formt sie als Handwerker nach Anweisung des Herrn, nicht als Künstler auf Geheiß seiner freiesten Imagination. *Poiesis* vereint nicht beides. Er stellt Konsumartikel her, nicht Kunstwerke, doch nur durch Kunstwerke, die nicht nur Schmuckstücke sind, wird ein Sklave der Herr seines Herrn. Herr und Knecht kämpfen miteinander gegeneinander, indem ihre Werke rivalisieren und einander übertreffen oder überwinden wollen. Wird der Knecht nicht endlich schöpferisch, bleibt er erschöpfend produktiv, also leib- und geisteigener Sklave.

Der wesentlich plebejische Aphorismus denkt um die Ecke und stellt die Welt auf den Kopf, nicht nur wie Marx vom Kopf auf den Teppich zurück. Aber auch Marx will den Proleten zum Künstler machen, der die Welt nicht nur für seinen Herrn genießbar macht. Befreiung glückt allein durch Dichten und Denken, nicht durch Handeln, das lediglich Herstellen überformt wie bei H. Arendt.

Bei P. Handke, B. Strauß und M. Walser werden aphoristische Wortspiele nur narzisstisch exzentrischer, während Lebensweisheit konformistisch bleibt wie Wittgensteins Sprachspiele.

Wenn das Ich nicht originell erfunden wird, wird ein konventionelles Wir vorgefunden. Was ich je bin, bin ich durch dich hindurch, doch auch durch meine Selbstobjektivierung im Werk, das auf dich wirken will. Nur dein und mein Werk vermitteln zwischen uns. Nur der Knecht gewinnt sein individuelles Für-sich-sein durch Kunstwerke für die Menschheit, nicht durch Konsumgüter für Herren.

Vorschnellen ist häufiger vorschnell
als Zurückfallen reaktionär, sagen Alte.

Wer entscheidet, wer nur schmiert,
und die Umwelt nur verziert?

Zukunft hat nur Philosophie auf religiösem
Standbein und aphoristischem Spielbein.

Entelechien verzichten auf Projekte und Produkte
wie Projektionen auf Instinkte.

Welterkundung und Selbsterfahrung bleiben
wohl nur noch pointiert verklammert.

Mit der Spaßgesellschaft ist noch zu spaßen durch
Kunstproduktion nichtssagenden Schweigens.

Haben, als hätte man nicht, tun, als täte man
nicht, und sein, als sei man gar nicht.

Kafka sah Kunst als „Axt gegen das gefrorene
Meer in uns". Wir machen daraus Speiseeis
und lutschen es weg.

Leben im Einklang mit der Rabenmutter Natur?
Überleben der Starken und Angepassten, und die
Gattung überlebt durch den Tod der Individuen.

Wasser muss sich entscheiden zwischen Eis und
Dampf. Das Meer bleibt unentschieden und frei.

Ist das Eis gebrochen, gehen Leute unter (Leute).

Wie viele Ausnahmen müssen zusammen-
kommen, um die Regeln zu widerlegen, *Popper*?

Du Henne legst Eier, die andere in die Pfanne
hauen, bevor sie neue Aphoristiker ausbrüten.

Bullshit-Management ist Hoffnung, dass höhere
Unsinnquantität in Sinnqualität mal umschlägt.

Frühvergreiste Jünglinge werden
oft jungbewegte Greise.

3. Aufklärung : Habe Mut, dich deines eigenen
Wohlstandes und Ruhestandes zu bedienen!

Setzt vergewaltigende Vernunft einvernehmliches
Entgegenkommen der Mutter Natur voraus?

Rousseau. Bleibt Gemeinwille stets Terror
gegen den Willen jedes Einzelnen?

Gemeinschaft wird durch Absolutes gestiftet oder
durch verabsolutierte Ideologien veranstaltet.

Reiche umarmen Arme in ihrem Bereich;
das muss reichen.

Die Welt gibt zu denken. Vernunft gibt ihr
aufgeklart zurück, was sie ihr dunkel entnimmt.

Objektive Vernunft himmlischer Schöpfung ward
rationalisierender Weltkrieg um Knappheiten.

Opferst du mich für euch statt dich fürs Ganze?

Ist die Welt vernünftig, ist nie nicht subjektiv,
und ist sie subjektiv, dann nicht vernünftig.

Open-Air-Pop musiziert nicht im Freien,
sondern in Ketten.

Wählt keine ehrlichen Politiker!
Sie werden nichts erreichen.

Ist Menschenleben mit der Wahrheit vereinbar,
wenn es nur ein langer Roman ist?

Mal dies, mal das wehte dich an, fischte
im Trüben und schielte nach klarem Drüben.

Kein Blatt am Baum bleibt unbeschrieben.

Nieder mit dem kleinen Unterschied!
schreien Schwule und Lesben.

Monologe sind Dialoge in dir oder mir,
und Dialoge sind Paarmonologe.

Dein Leib gewährt dir Asyl und schiebt dich
nicht ab in Himmel oder Storchenteiche.

Der Stand der Dinge hat seine Grundlage
in deren Gesetz.

Was ich (nicht) weiß, kapiere ich erst,
wenn ich es aphoristisch ausspreche.

Eine Erlaubnis gilt so lange, wie kein Gebrauch
von ihr gemacht wird.

Endet ein gutes Leben böse? Es ist schön,
ein schlimmes Leben führen zu dürfen.

Hab Angst davor, gar nichts fürchten zu können!

Nicht jede frierende Nackte macht Kerle heiß.

Es ist leichtsinnig, sich dauernd zu beschweren,
und wiegt schwer, sich dauernd zu erleichtern.

Witz hat mehr Weiner auf seiner Seite.

Halbleere Worte kommen vollmundig
aus übervollen Herzen und Hosen.

Die große Welt als eiserner Wille zur Vorstellung

Vielfalt : Pluralismus der Einfalt.

Bildung, Ausbildung, Erziehung und Dressur
ersetzen einander immer gern.

Auf der Strecke bleibt oft nicht mal
der Holz- und Dienstweg.

Wahre Würde des Menschen ist kaum noch
ertastbar und würde angetastet werden.

Wo man sich ausreden lässt, wird nicht diskutiert.

Neurotikern fehlt kein gesunder Menschenverstand, sondern mehr Leidensdruck
als Krankheitsprofit. Psychotiker umgekehrt.

Jedes Problem ist die Lösung eines kleineren.

Jeder virtuelle Aphorismus besteht
aus Passworten zur doppelten Wahrheit.

„Ich ist ein anderer", wenn ich es nicht bin.

Wenn du tust, was alle tun,
dann denke so wie keiner.

Nekrophilie : Liebe auf den letzten Blick.

Einfühlung ist noch keine Einsicht
und Empathie in Psychopathie.

Bonmots ziehen hierzulande den Kürzeren
und langweilen als billige Willenskraftzersetzer.

Auch nackter Wahnsinn findet
seine prüden Nachbarn.

Haben Prinzipienreiter Dreck am Steckenpferd?

Mutter Natur kommt wohl nie mehr
auf den grünen Zweig.

Man hat sich heute abgefunden mit ewiger Suche.

Als Parasit gilt, wem lebenslange Beurlaubung
erlaubt wird.

Der Dreck heiligt selten den Kittel darüber.

Der Sinn des langen Lebens wird Altersstarrsinn.

Freund Hein blamiert die nackte Wahrheit
bis auf die Knochen wie Konrad Röntgen.

Angsthasen fressen auch nicht mit ihren Löffeln.

Demokratie herrscht, wo man zum Widerstands-
kämpfer noch kein Held sein muss.

Kant und Hegel werden noch gelesen, weil sie
anders als Marx immer nur gelesen wurden.

Alle sitzen im selben Rettungsboot
neben dem falschen Dampfer.

Manches Übel beugt jeder Vorbeugung vor,
und moderne Verspätung kommt noch zu früh.

Manches verbrennt, wenn es nur beleuchtet wird,
und auch Nacht kann manches aufklären.

Was oft genug gebremst wird, kommt weiter.

Wie oft wird Triebverzicht ein Hauptgewinn!

Sprachlosigkeit der Leser lobt den Autor
am schönsten.

Eichendorffs Taugenichts nennt sich heute
Leistungsträger und will keine Steuern zahlen.

Werden Knüppel mit Samthandschuhen angefasst
geht es der nackten Wahrheit an den Kragen.

Wasser heißt, Hansdampf in allen Gassen
ist Schnee von gestern.

Synästhesie : Sprücheklopfer öffnen Augen.

Dass ein Ganzes mehr ist als die Summe seiner
Teile, machte auch die H-Bombe möglich.

Narziss habilitiert sich heute zum Prof. Lonely
Wolf und hält Uni-Vorlesungen gegen Egoismus.

Sein Sein wahrt bei Heidegger den Schein,
nichts zu sein.

Wer nur gute Bücher lesen will, muss zu viel
Schund lesen, um sie zu finden.

Was das Gras wachsen hört, überhört dich leicht.

Begeisterung wurde Gespenst der Geistlosigkeit.

Es ist lächerlich, dass aphoristischer Witz heute
mehr zu lachen als zu denken gibt.

Wer nicht hören will, muss (welt)anschauen,
und wer nicht sehen will, muss unsichtbar sein,
aber bringt die Sprache auch mal zur Sache!

Die Bahn genießt deine lange Lebenserfahrung
in vollen Zügen.

Die Feministin gibt dir stets einen Korb
voller fauler Lesefrüchte.

Nur der Scheck liegt auf der Hand
wie der Dolch in der Faust.

Deutschland ist ein reiches Land,
das zu wenige Reiche wie Geistreiche hat.

Rechts von sich selbst steht, wer die Freiheit
von freiwillig Beschnittenen beschneiden will.

Der Aphoristiker sucht menschliche Versuchun-
gen zum Erfinden und findet Menschenversuche.

Aphorismus : Früh krümmt sich und uns
ein Haar, was ein Widerhaken werden will.

Die linke Unterhand gewinnt kurzerhand
die rechte Oberhand.

Iss deine Torte im Angesicht meines Schweißes!

Way of life vom Gehirnwäscher zum Milliardär.

Das Licht der Vernunft wird nur von den Nacht-
seiten des Lebens erhellt und aufgeklärt,

Jede Weltreise entflieht dem Garten Eden.

Die Vorfahren des Affen stammen ab von Darwin

Wer den Lebenskampf verliert,
will ihn im nächsten Leben nicht wiederfinden.

Der Himmel schenkt uns zur Geburt ein ganzes
Leben und erwartet wohl Revanche.

Schweigende Mehrheit : Vox populi, Vox Dei.

Der weiteste Horizont ist die engste Rahmen-
bedingung für undurchsichtigen Durchblick
und uferlosen Krempel.

Wenn Moralnormen und Ideale nichts als Überbau sind, dann sind Materielles und Triebnatur
nichts als Dreck und Schweinkram.

Meisterkleister der Geister. Der Himmel braucht keinen gesunden Menschenverstand. Genügt ihm Naseweisheit des Nonsens?

Wer Sinnsprüche liebt, geringschätzt Aphoristiker

Dein Unbewusstes deutet deine Traumdeutungen

Der Philosoph tut nichts, bleibt tunlichst betulich nennt Handeln Getue und große Taten Untaten.

Unsaubere Leute wechseln die Verkleidungen ihrer nackten Tatsachen etwas zu oft.

Aphoristitis-Metastasen. Hochinfektuöse Ideen-seuchen sind noch nicht meldepflichtig.

Was seinen Zweck erfüllt, verliert ihn schon.

Aphorismen : Fußnoten als fitgedruckte Überschriften undercover, feindselige Einfälle in fremde geistige Regionen.

Wäre jeder Tod ein Mord, wäre er unbesiegbar.

Kultur ist, wie man mit fremder Unkultiviertheit,
Zivilisation ist, wie man mit Heldenmut umgeht.

Ein aufrechter Gedankengang ist ein Satz,
der in einem Aufsatz unauffällig untergeht.

Kommen Aphorismen mal zusammen, setzen
Aphoristiker sich auseinander. Ganz ungeteilte
Ansichten sind größer und ganzer. Aber auch
Aphorismen verlaufen im Sand im Getriebe.

Wirst du eines Tages Glück von heute verfluchen
und Pech von heute noch zurückwünschen?

Niederlagen sind keine besten Gelegenheiten,
Grundlagenforschung zu treiben.

Wer sich in mich hineinversetzt, fährt aus der
Haut, da Empathie nicht lange genug in sich geht.

Der Venusberg steht auf der unteren Genitalsohle.
Feminismus ist der kleine Unterschiedsrichter.

Alle Reichen der Welt achten ihre
1776 deklarierten Menschenrechte.

Niedere Kultur hat den höchsten Naturverschleiß.

Lebe unter Narzissten; dort fällst du weniger auf.

Für den guten Zweck bringst du große Opfer.
Mich.

Ein Lebenslauf erreicht nie die Stelle,
wo man steht.

Du meinst es nicht so gut mit deinen Meinungen.

Der Geldschein trügt und täuscht – auch das Sein.

Ich kann nur deine falschen Gedanken lesen,
der Computertomograph auch deine guten.

Naturwissenschaftler leiden nicht unter ihrer
Zwangsvorstellung, auch ihr Wille sei unfrei.

Wer die Welt nicht ändern kann,
will seine Perspektiven darauf ändern.

Kopf hoch : Sieh nicht in dich hinein!

Eure Urlaube sind reine Heimspiele;
nur ein fester Standpunkt ist eine Weltreise.

Ich tausche meine doppelte Wahrheit
doch nicht gegen eure Meinungen aus!

Bringen Politiker sich ein, holen sie mehr raus;
nehmen sie uns mit, wirken wir mitgenommen.

In den weitesten Horizont passt der meiste Mist.

Dient der Zweifel nicht dem wahren Glauben,
verabsolutiert er sich zu verzweifelter Arroganz.

Prognose hieß mal Vorsicht vor Vorsehung.

Seid geistesgegenwärtig, geisteskünftig
und geistesvergangen zugleich und begeistert!

Man hat bestimmt, dass ihr selbstbestimmt lebt.

Was rückt man in schiefen Weltbildern zurecht?

Die Welt ist alles, was der gefallene Groschen ist.

Der Aphorismus lebt vom Widerspruch,
auch zu seinem eigenen Ideal.

Dass sie Leibeigne sind, wissen die Sklaven.
Dass wir Geisteigene sind, merken wir Sozial-
partner gar nicht.

Allzu lang gefiel der Aphorismus sich darin, alles
Hohe aufs zynisch Platte herunter zu holen, um
realistisch zu sein. Heute sollte er unzeitgemäßer
den Höchsten gegen allen Zeitgeist verteidigen.

Der Kaktus ist der Igel der Pflanzen, der abstrakte
Aphoristiker das Stachelschweinchen unter den
Autoren. Er abstrahiert von allem und erfrecht
sich, seine Frechheiten dreist zu verabsolutieren.

Gute Aphoristiker geben in ihrer selbstgerechten
Berufsskepsis zu wenige Antworten und Ruhe.
Wo bleibt die geheuerliche Verfrorenheit gegen
ihre Unverfrorenheiten? Die Sentenz der Zukunft
verteidigt Schillers Idealismus gegen Derridas
Humor und die Zehn Gebote gegen den Ethikrat.

Was gibt es jenseits von (De-)Konstruktivismus?

Ein Gespenst kommt um in Europa : Eur´Opa.

Der wahre Aphorismus, so klein und kürzer
als das Leben, sagt Unwahrheiten über die
Unwahrheiten um sich herum.

Um dich wird es stiller, je lauter(er) du schreibst.

Der Weg nach innen entdeckt nicht Kontinente
von Welten, sondern Inkontinenzen von Worten.

Du schreibst kleine dummdreiste Sprüche,
weil sie altkluge Großtuer sind, und hasst sie,
wenn sie kopf- und herzensgut sind? Du feierst
Stille im Lande und Leisetreter, als hätten sie
mehr zu sagen, und feuerst große Rhetoriker,
als hätten sie nur leere Worte für dich.

Aphoristiker holen uns immer wieder auf den
Teppich auf dem doppelten Boden der Tatsachen
zurück, wenn sie unsere Ideale zu hoch hängen.

Hinter dem Gesetz sind einige sogar ungleicher
als andere.

Wer mir alles zutraut, traut mir gar nichts zu.

Sie gab mir Zeit und nahm mir den Spielraum.

Aphorismen glänzen durch Abwesenheit
der Aphoristiker.

Ewiges währt auch nur eine Schrecksekunde lang.

Nur nichtssagendes Gerede kann das dumme
beredte Schweigen noch zum Schweigen bringen.

Religion und Philosophie (ohne die alles zynisch
platt wird) Unsinn zu nennen, ist größerer Unsinn

Leben : alte Schuld(en) begleichen, Vorsorge
treffend bezahlen und den Rest jetzt verjubeln?

Auch Wunder haben verwunderliche Wunden,
zu bewunderten Wundern verwunden.

Beiseite : Diesseits und Jenseits
sind keine Abseitsfallen füreinander.

Aphorismen sind revolutionäre Kämpfe des Ur-
alten gegen allerletzte Schreie oder nur Klamauk.

An ihrer Grenze beginnt und endet jede Idee.

Zehnbändige Unbändigkeit oder lieber zehn
idyllische Zerrissenheiten in einem Band?

Du siehst immer mehr aus wie deine Bücher
und dir selbst immer unähnlicher.

Thales fiel beim Sternegucken in einen Jung-
brunnen und lachte die thrakische Jungfrau aus.

Die Selbstgefälligkeit der Rundumskeptizisten
wirkt doktrinärer als weltoffenes Christendogma.

Ihr solltet es mal besser haben als eure Eltern.
Hielten sie euch zum Besten wie ihr sie?

Das Kapital produziert nur für mehr Fortschritts-
chancen immer mehr Risikokrisen am Fließband.

Ein Leben auf nassgrauem Beton
und dann blassblaue Begonien auf dem Grab.

Wenn Wald und Bäume einander nicht vergessen,
verschlingen sie einander ungerührt.

Du musst nichts und darfst alles – sein lassen.

Vom Geistesblitz getroffen, Müllverbrennungen
dritten Grades, Herzflimmern und Atemstillstand,
himmelblau angelaufen, weitermachen wie zuvor!

Nimm dein Schicksal selbst in die Hand und wirf
es geschickt weit weg und nicht als Bumerang.

Gewaltlose Verwaltung überwindet Landesgren-
zen global. Nur Reiche sind schon Weltbürger.

Ein Aphorismus hat zu wenige PS für Anhänger
und ist nicht in aller Munde, sattsam durchgekaut.

Kleine Fische rutschen durchs Internetz der großen Tiere und stranden in Pfanne oder Aquarium.

Ich habe meine Schlüssel verlegt im Selbstverlag
und die Schuldenberge versetzt mit Glaubersalz.

Pflanzen tieren sich fort, Leute vermindern sich.

Der Klassenbeste ist weniger als nichts
und mehr als alles zugleich oder gar nichts
und als Sonderling nichts Besonderes.

Der Aphorismus hat keinen Hintersinn für Hintermänner im Hintergrund, sondern für Unsinn vom Vordermann, in den Vordergrund gespielt.

Du siehst das Surfbrett vom Kopf und nicht den Gedankensplitter in meinem geistigen Auge?

Therapieresistente Sehnsucht : Flucht nach vorn zum Chefsessel des Vorgesetzten.

Der Aphorismus hat Ironie nicht mehr nötig.
Er meint nicht mehr, als er nicht zu sagen hat.

Das echte Weihnachtsgeschenk, das Christkind, ist uns Neuheiden zu billig und vom Umtausch und Rückgaberecht ohnehin ausgeschlossen.

Ich denk an gar nichts und tunix. Mehr kann man ja wohl nicht erwarten und verlangen.

Lass deinen Untaten Ehrenworte folgen und deinen Stich- und Machtworten Untätigkeit!

Du schreibst keine guten Aphorismen, aber verbesserst fremde Federn statt die Welt.

Hom(ö)opath : *Homo sapiens* ohne sapiens.

Ist der Überbau samt Über-Ich heute im Untergrund, die Unterwelt im Oberhaus wie der Unterleib im Oberstübchen?

Ideologien erheben Mitläufer zu Widerstandskämpfern und Oppositionelle zu Opportunisten.

Menschenkunde : Drei Leute sind drei zu viel. Dialektik : Drei Gedankenschritte sind immer einer zu viel, meinte Adorno.

Es hat ja ohnehin selten gesprudelt, doch das Alter tröpfelt nur noch aphoristisch oder geht (fut)urologisch in die Hose.

Wer geht denn gemächlich zu Boden statt zu fallen, geht in die Brüche statt zu zerbrechen und zu den Ahnen, statt gefällt zu werden?

Du hast unser Heim ungewöhnlich wohnlich gemacht. Für mich allein ist es dann viel zu schön.

Kürzt den Aphorismus, bis er endlich selbstverständlich un- oder missverständlich genug wird!

Leg dich auf Eis, und dein Haltbarkeitsdatum
erhöht sich!

Du begreifst nie die Gelegenheit, die du nur
ergreifst. Geh einer Sache aus dem Wege,
dann kommst du ihr nie zu nahe,
um sie objektiv zu sehen.

Verschafft die Realität sich undercover Zugang
zu dir, oder ist sie Doppelagentin?

Meine Religion ist nicht aus dem Lesen
und Streben gegriffen.

Wo alles zwischen wahr und falsch (sch)wankt,
sagen Aphorismen noch die klarste Unwahrheit.

Jeder schmückt sich nur mit dem, was er pflückt,
wenn er sich bückt, und was ihm glückt; verrückt.

Wer mehr lacht als weint, ist noch kein Optimist.

Nomaden machten in Städten nicht mal Urlaub,
hatten keinen Dachschaden und bauten weder vor
noch so viel Scheiße.

Wer das Licht der Welt erblickt, sieht bald genug
kein Licht mehr, wenn er nur ein kleines Licht ist.

Menschen ohne Philosophie gibt es nicht. Die
meisten wissen nur nicht, welche sie praktizieren.

Deine Herzschläge treffen keinen mehr
und hauen niemanden mehr um.

Wahre Stadtgeschichte schreibt man
nur zwischen den Häuserzeilen.

Den größten Profit wirft ab,
Überfluss überflüssig zu finden.

Werte, die du abschätzt,
wirst du nicht wertschätzen.

Schlage keine Holzwege ein, brich dir
nicht Bundesbahn, sondern geh nur!

Wir sind leicht zu bewegen, können nur keinen
festen Standpunkt einnehmen wie eine Festung.

Dummheit und Schönheit liegen nicht immer
im Fettauge des (niederträchtg) Betrachteten.

Was kost die Welt, zu der die Unkosten zählen,
die sie kostbar machen?

Ich gebe dir genug Zeit, damit du mir nicht
die Lebenszeit stiehlst.

Ist Christus denn immer noch im Leitfadenkreuz
der bezahlten Scharfschützen?

Fall aus dem Wunschbildrahmen, doch steig aus
den Rahmenbedingungen für Einsichten!

Meine Wunschbilder lass ich mir nicht
von teuren Picassos malen.

Der grüne Tisch kommt weder auf den grünen
Zweig noch von ihm.

Ewigkeit heißt, dass es nie anders
als fünf vor Zwölf war.

Der Aphorismus trifft ins Grauweiße daneben.

Umfragen, die keine Antworten finden, sind noch
die einzigen Erhebungen in unserer platten Welt.

Sesshafte haften am Sessel, Bürger ohne Burgen
bürgen für nichts mehr, Jäger und Sammler sind
träger und Gammler.

Wer den Gallenstein der Weisen ins Hauptrollen
bringt, tritt Besserwisserlawinen los.

Für aktive Leute ist es zum Verzweifeln,
wenn man nur noch hoffen kann.

Das Funkeln ferner Sterne und das Glimmen
deiner Funzeln ist auch ein Licht der Vernunft.

Ursachen und Wirkungen, Motive und Folgen
überraschen einander meist unliebsam.
Was ist nur die Ursache von Kausalität
und der Zweck von Finalitäten?

Heirate die Frau, mit der du dich halb so wohl
fühlst wie allein!

Mein Wort will keine Leser verletzen,
sondern nur ihr dickes Fell zeigen.

Wenn Kants kritischer Transzendentalismus nur Heideggers „Gestell" der naturwissenschaftlich-technischen Erscheinungswelt erstellt, könnte die gewöhnliche Lebenserfahrung ja durchaus den wichtigeren Rest vom Ding an sich erkennen im faktizistischen Realismus etwa eines Thomas von Aquin, denn Bewusstsein erkennt Sein, da beides vom selben Gottvater und von derselben Mutter Natur stammt. Kant philosophiert transzendental-kritisch, denkt aber wie jeder empirisch materiale Realist, um seine Werke auch nur schreiben zu können, wie Hermann Schmitz zu bedenken gab.

Mumpitz ist ein vermummtes Schreckgespenst für ewige Kindsköpfe oder nur Unsinn, der etwas Mumm hat.

Spinnen spinnen sich in ihren Kokon ein
wie Spinner in ihr Kokolores.

Die Halbwertszeit menschlicher Ausstrahlungs-kraft liegt beim ersten Dutzend Lebensjahren.

Schützt das Buch der Natur noch
gegen Grund- und Scheckbuch?

Jeder bekommt seine wertlose Gabe,
die er wertvoll nennt.

Der Jugendliche brauchte viele Philosophen und Theologen, der Greis aber hat beinahe den Kinderglauben, den er als Kind niemals gehabt hatte.

Chaoskontrolle erzeugt noch keinen Kosmos,
doch Kosmoskontrolle leicht ein Chaos.

Fast zähneknirschend muss der freiheitsdurstige
Kant die Vernunft der Gottesidee einräumen, um
die Allmacht über seine Erscheinungswelt a priori
und seinen freien guten Willen zu behalten.

Text- und kontextgetreu. Unwetter ist auch nur
Wetter, Die Unwetterzentrale warnte vor Wetter-
lagen, die Grundlagen von Niederlagen sind.

Ohne Aggression überlebt keiner,
mit Aggression kein anderer.

Alle deutschen Idealisten, Kant wie Fichte,
Schelling und Hegel, waren nicht bloß zufällig
und beiläufig auch Christen ihrer Zeit, sondern
noch wesentlich die Philosophen des deutschen
Protestantismus. Sie standen noch stabil und
wackelten dort nicht – so religiös beschränkt der
Lutherismus auch sein mag. Das wird sich erst
zeitgemäß radikal ändern mit Schopenhauer,
Marx, Nietzsche und allen anderen bis heute.
(Ausnahmen : Kierkegaard und Wittgenstein.)

Wer Grundgedanken von Philosophen mit
eigenen Worten referiert, interpretiert sie immer,
so textgetreu er auch sein will. Sogar der Philosoph selbst versteht oft die Konsequenz und
Grenzen seiner eigenen Gedanken nicht. Da ist
die ingeniöse Kunst des Interpreten gefragt,
ohne vom Eigenen zu viel in den Denker nur

hineinzulesen. Das Signifikat bleibt eine bloße Leitidee für die Interpretation von Interpretationen – wie die Postmodernen zurecht sagten.

Kant interessiert an der Religion allein die praktische Moralphilosophie. Der jüngere Kant sieht Gott noch als himmlischen Belohner des guten Willens beim Handeln, also eudämonistisch; der spätere Kant will Unabhängigkeit auch von Gott wie von allen Neigungen und Trieben, Gefühlen und Leidenschaften, also freie Allmacht über sich selbst (wie über die durch ihn erstellte Erscheinungswelt). Seine Vernunft gibt sich selbst ihr praktisches Gesetz – wie theoretisch der ganzen Natur die Gesetze a priori. Alles Triftige an Kant steckt schon in der kleinen "Grundlegung zur Metaphysik der Sitten" (1785), wo das Gesetz des Schöpfers ins Philosophische übersetzt wird – in den Kategorischen Imperativ als reiner Vernunft und nicht als Gebot-Ukas von oben. Da aber niemand, auch nicht per gutem Gewissen, wirklich wissen kann, ob er aus tatsächlich "gutem Willen" (der allein gut genannt werden könne) handelte oder aus eher egoistischen Motiven, braucht es laut Kant - nolens volens - einen universalen "Herzenskundigen", der anders als wir selbst all unsere wahren Beweggründe und Absichten in jeder Sekunde gründlich kennt und durchschaut, um sie moralisch beurteilen zu können und unsere „Glückwürdigkeit" zu prüfen. (Allzu preußische "Pflichtgefühle" können Selbsttäuschungen sein, die bloße Eigenliebe tarnen, und die Moralisten haben das zurecht immer wieder gern entlarvt.)

"Die Religion innerhalb der Grenzen der bloßen Vernunft" von 1794 zählt dann weitere zwingende Vernunftgründe auf für die Idee eines obersten "Gesetzgebers" zum Zwecke einer "Sinngebung des Ganzen". Wenn wir von individueller Tat des guten Willens zur ganzen Gesellschaft übergehen, sei ein freies Gemeinwesen „nur als ein Volk unter göttlichen Geboten, d. i. als ein Volk Gottes, und zwar nach Tugendgesetzen, zu denken möglich." (3. Stück, 3. Kapitel)

Bei allem gebotenen buchstabentreuen Textverständnis : Irgendwann muss der Rezipient, Referent oder Rezensent versuchen, den fraglichen Denker besser zu verstehen, als der sich oft selbst verstanden hat, also dessen verstecktes philosophisches Hauptmotiv samt blindem Fleck zu verstehen. Das kann immer nur eine mehr oder weniger begründete, also argumentativ bestreitbare wissenschaftliche Arbeitshypothese sein, open end ...Heidegger : "Erst wenn Sie meine Grenzen sehen, haben Sie mich verstanden."

"Transzendentale Ideen" sind notwendige Vollständigkeitsideale der rationalen Urteilskraft laut Kant (und der bloßen Einbildungskraft laut Fichte) : Die ganze Welt aller Sinnesobjekte ist selber kein Sinnesobjekt, und die Kausalfolge aller Ursachen und Wirkungen rückwärts (samt Finalfolge aller Ziele und Zwecke vorwärts) hat nur in einem "obersten Gesetzgeber" (Causa sui) eine selber unbedingte Bedingung aller notwendigen Bedingungen – UND des freien Willens seiner

"Ebenbilder", der gegen alle Naturgesetze jederzeit eine neue Kausalreihe anfangen können müsse, um unsere Taten erst moralisch verantwortlich und dadurch "glückswürdig" zu machen. Laut Fichtevorbild Maimon sind es nur Vollkommenheitsideale der Einbildungskraft statt Urteilskraft.

In Urlaub fliegen heißt Umwelt bekriegen,
den Urwald besiegen heißt Klima betrügen.

Kritik suggeriert, es gäbe heute etwas Besseres.

Wer ein gutes Kunstwerk schafft, hat so wenig
ein gutes Werk getan wie umgekehrt.

Mach dich nicht mal auf den Brems- & Holzweg!

Wer sich weder fürchtet noch langweilt,
sollte sich schämen.

Handeln? Lass das Wissen auf sich beruhen!

Sind harmlose U-Künstler fast schon Verbrecher?

Dem Reichen fehlt, dass ihm etwas Gutes fehlt.

Zwischen den Zeilen sollten wir
noch mehr Unsinn lesen.

Aphorismen sind Maximen, welche die *wahren* Maximen unseres moralischen Handelns zeigen.

Wirklichkeit ist der Schnittpunkt zwischen der Praxis des Schöpfers und Seiner Ebenbilder.

Gut und wahr ist eine Sentenz, deren Gegensatz nicht schlechter und falscher ist.

Wer über Ewigkeit nachdenkt,
erfindet die Vergänglichkeiten.

Für Aristoteles war die Seele gewissermaßen alles, für Sartre ein freies Nichts. Oder ist sie alles und nichts zugleich?

Glaubst du an einen Gott, der nie an dich glaubt?

Musiker geigen keinem Hörer die Meinung,
sondern lassen dir die Deinung.

Meinungsgeiger sind so beschränkt, Maßlose stets in die Schranken weisen zu müssen.

Ich meine deine Geige,
statt dir meine Meinung zu geigen.

Unscharfe Kritik. "Konstruktive Kritik"
geigt keinem die Meinung, sondern ist
eine Form indirekter Lobhudelei.

Neige nicht zu deiner Meinung,
sondern geige dir meine!

Vergeige lieber deine Meinung,
als dich vor ihr zu verneigen!

Für etwas sterben (leben) zu können,
lohnt es zu leben (sterben)?

Leider hat die Kraft eine Schwäche – für sich.

Nihilisten schreiben am besten.

Der Himmel lässt sich zur Erde herab und die
Erde zur Hölle, die sich in den Weltraum *beamt*.

Was du für mich opferst, ist mein Wert.
Ist dein Wert das übermalte Preisschild?

In Pfützen spiegeln sich Wolken, zu weißen
Wolken erheben sich schwarze Pfützen.

Hauptsache Hauptrolle. Wer mich enthauptet,
hat nicht sich und noch gar nichts behauptet.

Heiliges lockt und schreckt wie Unheilbares.
Hat da auch gewählt, wer gar nicht wählt?

Weltfriede wurde als friedlicher Weltkrieg
eine rastlos befriedigende Friedhofsruhe.

Gewinne die Wette, Verlierer zu bleiben!

Wann ist es vernünftig, den Verstand nicht
zu benutzen, und wer versteht die Vernunft?

Gibt es gute Gefühle und klare Gedanken
ohne einander?

Sind deine Gene notariell vermacht?

Geburt unter Knechten, Leben unter Herren
und Sterben unterm HErrn?

Phantasien bauen auf zu viel Realität,
Fakten oft auf zu wenig Fiktion.

Blödsinn durch bewegte Bilder
oder Bildung durch starre Buchstaben?
Such ein Buch und keine Buchung!

Wer den Röntgenblick des Ewigen nicht fürchten
muss, kann guten Gewissens seine böse Absicht
mit Kants gutem Willen verwechseln.

Ist „Freund Hein" ein transverser Fetischist?

Wer ist größenwahnsinniger als ein Feigling?

Wer lügt für die Wahrheit, was ist echter als
der Fälscher und ehrlicher als der Ehrgeiz?

Die freie transzendentale Bedingung der Möglichkeiten fordert ihre transzendente Bedingung.

Feste druff uff alles : Wird schon (bei)klappen!

Erkenne nichts Erkennbares, tu nichts Machbares,
hoffe auf Undenkbares, liebe nicht nur Liebens-
wertes, sieh nur Unsichtbarkeit und lebe – ab!

Was eine Außenwelt und -seite hat, wird zum
Kerker, was keine hat, zum Innenleben des Alls.

Alle Ergebnisse haben sich Angebern ergeben,
die Resultate konsultieren. Nur Theorien aber
verwirklichen die Praxis.

Menschenwürde übersieht Sehenswürdigkeiten.

Wer wahrhaft nichts sieht, sieht Wahres, doch
wer tiefer denkt, sieht (seine) Unsichtbarkeit.

Verzweiflung ist bescheiden
ohne Habgier der Hoffnung.

Sartre hat sich selbst erschaffen. Der Ewige
hatte sein Rohmaterial besser gemacht.

Wir unterscheiden uns darin, dass einige schneller
zugreifen, andere langsamer begreifen
und der Rest nichts an- und erfasst.

Talent ist auch eine Fähigkeit,
seine Unfähigkeit zu verschleiern.

Es ist leichter, die Wahrheit zu sagen,
als einen Aphorismus zu schreiben.

Wer nichts will, kann glauben oder unglauben.

Grundfalsch zu liegen, ist eine Hochform
absoluter Wahrheit.

Heimspiele und Sternkartenspiele

Tausche deine Centwahrheiten nicht gegen
falsche Euroscheine ein und aus!

Foeten und Greise haben nie Sinn für Lebenssinn.

Am wenigsten hast du von dem,
was du (gehabt) hast.

Gewöhnliche machen Geschichte und Geschichten, Gebildete schreiben und erzählen sie.

Der freie Wille ist ein freier Fall, unfreier Unwille
ein Notfall und guter Wille ein Einzelfall.

Du glaubst, etwas zu erleben, wenn du überlebst,
dass du lebst.

Wer das Wahre sieht, sieht sein Recht,
es nicht zu tun.

Bekleidung ist verkleidete Verkleidung:
verhüllte Verschleierung nach der letzten Mode.

Wünscht der schlechten Welt alles Gute
und den guten Menschen gute Besserung!

Die einen wollen verletzen, andere müssen
und der Rest darf nicht.

Bete deine Opfer nicht an!

Eine gute Theorie des Guten tut nicht gut,
falsche Praxis des Bösen ist noch nicht gut
und ein schlimmes Sinnbild des Schönen.

Anom(al)ien : menschliche Vollkommenheiten.

Aphorismen nützen nur dem,
der sie nicht schätzt oder versteht.

Nackte Wahrheit ist keine Geschmackssache,
doch eigene Ansichten geben ein Ansehen.
Nietzsche : Zurück zu den Ansichtssachen selbst!

Die Kleinen machen aus Kleinkram eine Welt,
die Großen (sich) aus allem gar nichts.

Ein Heuchler enthält sogar, was er heuchelt.

Man muss mehr sein als alles,
in das man sich hineinkniet.

Begrab dich nicht in deinem Herzen, Christ, aber
mancher schafft es nur bis zur Wiederaufsetzung.

Es ist nicht ausgemacht, was in der Welt
statt mit ihr eigentlich gemacht wird.

Werde wenigstens so alt, dass du wieder
an den Weihnachtsmann glaubst!

Das eine ist nur, aber bedeutungslos,
das andere besagt, dass es nicht existiert.

Die religionskritische Freiheit, die manche schon bei Kant zu sehen glauben, haben sie aber erst nach Hegel bis heute. Kant brauchte göttlichen Röntgenblick noch als transzendentale Bedingung der Möglichkeit moralisch freien Willens und authentischer Gewissenserforschungen. Moralist Kant kannte wie Nietzsche durchaus die Fallstricke moralischer Heuchler und Selbsttäuscher. Uns je selbst und einander können wir betrügen über unsere wirklichen Motive und Maximen, nur Ihn prinzipiell nicht : Die Gottesidee widerspricht bei Kant keineswegs der menschlichen Willensfreiheit, sondern macht sie allererst möglich und moralisch sinnvoll. Weltidee, Freiheitsidee und Gottesidee sind bei Kant als Vernunftideen dialektisch zusammengespannt : Keine Idee lässt sich haben ohne die beiden anderen. Im Gegensatz zu heutigen Kantinterpreten akzeptiert Kant - fast zähneknirschend auch gegen sein eigenes mutmaßliches Hauptmotiv - dass gerade sein Postulat des freien Willens nur durch die "herzenskundig" alles durchschauende Gottesidee aufrechtzuerhalten ist. Denn Naturwissenschaftler wie Hirnforscher können immer nur Marionetten des Unbewussten, der Gene oder der Milieu-Erziehung oder neuronalen Netzwerke erkennen.

Beweist Kants Selbstbewusstsein schon, dass etwas raumzeitlich und kausalbewirkt existiert? Sein Unabhängigkeitstrieb will Gott und alle Triebe minimieren, indem seine praktische Selbstbestimmung (per moralischer Selbstgesetzgebung) den Schöpfer nur nötigen soll, ihn glückselig zu machen. Er stülpt den unbekannten Dingen an sich die Masken ihrer bloßen Erscheinung über, statt sie zu bewegen, ihre Masken etwas zu lüften. Er gibt der Natur nicht einmal die Chance, auf seine vorgeblichen Experimente zu antworten, und nimmt ihre Antworten a priori vorweg. Um die Herrschaft über alle Phänomene zu behalten, verzichtet er auf Antworten der von ihm unbewirkten Wirklichkeiten. Aber er hat ja keine Macht über seine konstitutive Macht über die Erscheinungen, weil er sich selbst ein Ding an sich ist, transzendentale Apperzeption des intelligiblen Ego, statt empirisch psychologisch selbstdurchsichtig.

Kants philosophisches Hauptmotiv ist fast Nietzsches Allmachtwille, aber er glaubt im Grunde seinem eigenen Transzendentalismus nicht, denn er tut ja nicht so, es bei seinen eigenen Büchern nur mit bloßen Erscheinungsmasken von ganz unbekanntem Dingen an sich zu tun zu haben – wie Hermann Schmitz logisch einwandte.

"Transzendentale Ideen" sind notwendige Vollständigkeitsideale der rationalen Urteilskraft laut Kant (und der bloßen Einbildungskraft laut Fichte) : Die ganze Welt aller Sinnesobjekte ist selber kein Sinnesobjekt, und die Kausalfolge aller Ursachen und Wirkungen rückwärts (samt Finalfolge aller Ziele und Zwecke vorwärts) hat nur in einem "obersten Gesetzgeber" (Causa sui) eine selber unbedingte Bedingung aller notwendigen Bedingungen – UND des freien Willens seiner

"Ebenbilder", der gegen alle Naturgesetze jederzeit eine neue Kausalreihe anfangen können müsse, um unsere Taten erst moralisch verantwortlich und dadurch "glückswürdig" zu machen. Und die Vernunft gerät mit diesen drei notwendigen Ideen (Gott und die Welt und die willensfreie Seele) laut Kant in Widerspruch zu sich selbst, laut Maimon/Fichte aber in Widerspruch zur Einbildungskraft der Vollkommenheitsideale ...

Professionell unausgereift ideologisiere und theologisiere ich also den Kant, ohne bei ihm zu argumentieren? Dann argumentieren aber ja auch Nietzsche und Adorno recht unwissenschaftlich. Schließlich bin ich auch unter Experten nicht allein mit meiner Lesart Kants. Eher lässt sich zeigen, dass mancher meiner Kritiker gar keinen akademisch haltbaren Religionsbegriff benutzt. Wir debattieren doch, damit nicht jeder in seinem eigenen Saft nur schmort. Behandle die Philosophie eher als generalisierte Reflexionskunst denn als methodische Spezialwissenschaft – wie Schopenhauer, Marx, Nietzsche und Adorno. Sie brauchen einen eigenen philosophischen Ansatz, um andere Philosophen überhaupt selbst zum Sprechen zu bringen, ohne nur aus ihnen herauszulesen, was man hineinliest. Müssen wir vor den einflussreichen Philosophen autoritätsgläubig auf den Knien herumrutschen, und tun wir denen damit einen Gefallen? Neigen wir nicht dazu, in der Philosophiegeschichte nur ein einziges abgeschlossenes Geistesmuseum bzw. einen begrifflichen Supermarkt-Discounter zu sehen, wo alle möglichen Denkangebote hübsch attraktiv in Regalen aufgereiht gleichberechtigt und gleichwertig nebeneinander nur auf Abnehmer, Ideenkonsumenten und Inventaristen warten?

Es ist reine Vernunft, die Kant zweckteleologisch zwingt, "so zu tun, als ob" es einen (wenngleich unbeweisbaren) Weltschöpfer und "obersten Gesetzgeber" gäbe – mit allen Konsequenzen, die Kant 1794 in seiner Religionsschrift entfaltet.

Schiller will nur Kants schroffen Sprung von Neigungen zu Pflichten, von Naturdetermination zu Willensfreiheit, durch vermittelnde Kunstwerke ästhetisch mildern und pädagogisch vorbereiten. Der freiheitsdurstige Kant (der seine eigenen Gefühle wie Triebe fürchtet wie hasst) hat nichts gegen Menschenwürde plus zusätzlicher Grazie, warnt aber vor deren Vermischungen. Ausgangspunkt : Der Mensch ist nur dort ganz Mensch, wo er spielt. Wenn ihr nicht werdet wie die Kinder ...

Wenn Heidegger Recht hat und die Wissenschaft nicht denkt, dann denke ich überhaupt nicht, wenn ich ein historisierender Wissenschaftler der Philosophie bleibe. Ich bin kein akademischer Philosophiehistoriker, aber versuche selber zu denken, indem ich mich großer Denker dankbar bediene. Versuche bitte, auch nur einmal in konkreter Anwendung selber dialektisch zu denken, wie du es bei Hegel, Adorno oder Sartre gelernt hast! Oder mache eigene phänomenologische Wesensanalysen bzw. eidetische Deskriptionen und wirst selber sehen, was diese Methode wirklich leistet und was sie eben gar nicht leistet, wenn sie nicht gehörig modifiziert wird.

Philosophiegeschichte ist doch mehr und anderes als eine Sammlung säuberlich aufgespießter Geistesschmetterlinge oder nur ein komplettes Herbarium vertrockneter Redeblumen. Metaphysik sagt nicht, was es so alles im Geiste gibt und gab, wie die Physik es mit der Natur macht (watt et so allens gifft, wie es Plattdeutsch heißt). Wichtig ist nur, was man mit diesen einzigartigen Begriffswerkzeugen nun selber anfängt, diesen oft konsequent bis ans Ende gegangenen Denkwegen, die dir eigene Irrwege und Holzwege und viel Zeit ersparen können.

Versuche, dich Ihres eigenen Verstandes zu bedienen, mit Kant transzendental zu denken, und verfange dich dabei in heillose Widersprüche! "Selber denken" heißt nämlich leider oft nur, eben nicht allgemeingültig zu sprechen, sondern eigenen Wahnideen zu folgen und seinen eigensinnigen Sparren zu pflegen, wie Hegel meint.

Philosophen liegen nicht friedlich nebeneinander im Archiv, sondern mit- und gegeneinander im Krieg. Keiner lässt den anderen gelten, selbst die tolerantesten wie Leibniz konkurrieren leidenschaftlich. Das kühle Rationale rationalisiert laut Nietzsche häufig nur ein heißes Wunschdenken. Ist das Denken Vor- oder Nachdenken, Gedenken oder Bedenken, Ausdenken oder Weiterdenken?

Um Denken handelt es sich beim lebenslangen Umdenken. Nicht die wissenschaftliche Abhandlung, sondern der Essay oder der aphoristische Zwergessay ist die genuin philosophische Form.

Widersprüche werden immer mehr zu ihren Fürsprechern, bis sie Anspruch auf Zuspruch erheben

Du siehst deine schmerzenden Fesseln
und bist wider Willen frei.

Er vergibt ihr seine Schuld,
doch sie ihm ihre Unschuld nicht.

Fortschritt ist der Übergang vom Übermenschen
zum Menschen unter Menschen.

Wahrheit ähnelt deinen Illusionen immer mehr,
und der Mensch ist eine widerlegbare Wahrheit.

Als Kotunternehmer esse ich noch einmal so gern

Ein Ziel hat erreicht,
wer dicht genug davor stehen bleibt.

 Auf, auf? – Auf die Kniee!

Manches wie dieser Spruch war immer uralt
und wird noch immer neuer.

Hau den Lukas locker vom Hocker, hau ab,
Lukas! Schau den Lukas : Klau den Lukas,
Schluss mit Kräftemessen!

Ein Stubenhocker schreibt auf, was die da draußen nicht erleben, und Touristen träumen, was Lebenslängliche in ihren Zellen erleben könnten.

Der Himmel existiert erst für den,
der an ihn denkt, die Hölle schon so.

Zuvor die Frage nach der Fragwürdigkeit der Frage verantwortlich zu beantworten, ist fraglich.

Vorrechte auf Vorrichtungen. Wie viele Nachrichten richten sich nach richtigen Scharfrichtern?

Mikroskope schönfärben ihre feinsten Präparate.

Hermeneutischer Zirkel. Bringen mehr eigene Ideen die fremden zum Sprechen als umgekehrt?

Flieht lieber vor Phantasien in die Kunst als vor Wahrheit und Wirklichkeit in die Wissenschaft!

Nimm die Erfüllung deiner Wünsche in Kauf und fühl dich belohnt durch Bedürfnislosigkeit!

Existieren, damit man nicht angesprochen wird?

Laut Chefaufklärer KANT kann jede Behauptung wohl eine Erscheinung treffen, muss aber jedes *Ding an sich* verfälschen. Dann ist jedes Fakt immer auch ein Fake. Oder ist das ein Kant-Fake?

Einen Sinn ergibt, wenn man sich einem Sinn ergibt, ohne sich selbst einen Sinn zu geben.

Wer Wände mauert, mauert sich auch ein
gegen alle Einwände.

Hilft Sinnen- oder Glaubensglut besser
gegen Fege- und Höllenfeuer oder umgekehrt?

Aufklärung heißt Kirchenkritik
und Religionsresilienz.

Wer stellt zu oft seine Indisponiertheit
zur Disposition?

Gute Werke sind wirklicher als Taten
und Untaten, die gut tun.

Hau auf den Putz! Dann musst du zum Friseur
oder deine Wand neu verputzen wie Termiten.

Dein Untergang überlebt dich, dein Aufstieg
fällt dich, dein Standbein spielt mit dir, und
dein Spielbein steht wie ein Denkmal.

Ein Todesurteil zum Fegefeuer gilt christlich
als glimpflich.

„Leben" gilt heute nur noch metaphorisch
für Vegetieren auf höchstem Niveau. Irrfahrt?
Gutes Leben ist eine abenteuerliche Odyssee
ohne den arglistigen Schinder Odysseus.

Genie & Wahnsinn? Heute sind Durchschnitts-
bürger wahnwitzig und nur Genies noch normal.

Mann und Frau? Werden Diverse immer kontroverser, dann konvertiere zum Neutrum Mensch!

Welche Wohltäter sind geheime Untäter, welche Strafen versteckte Geschenke, welch Gleichgültiges im Grunde allgemeingültig und welches Allgemeinverbindliche außergewöhnlich?

Inzwischen werden ganz Gesunde geheilt, funktionstüchtige Dinge repariert und richtige Fakes noch gefälscht.

Die Existenz- und Lebensphilosophie lebt davon, Menschen nicht anthropologisch zu versachlichen

Als unerschöpfliches Urbild seiner Geschöpfe ist der Mensch das Ebenbild seines Schöpfers.

Gibt es schon mathematische Logik, die heute wahr und morgen falsch ist, wie einseitige Vielseitigkeit und erstarrte Wechselhaftigkeit?

Das Sittengesetz steht nicht wie bei Kant im Gegensatz zum Naturgesetz, sondern bedient sich seiner, indem das frei gewählte Ziel, dessen Grundsatz auf kategorische Allgemeingültigkeit geprüft wurde, als Wirkung jener Ursache genommen wird, die als Mittel des zu bewirkenden Zielzwecks fungiert. Der Kategorische Imperativ praktiziert nur selber das jeweils passende Naturgesetz, statt es außer Kraft zu setzen, und macht uns nicht zu Kants Bürgern zweier Gegenwelten, sondern zu Nomaden auf Gottes einer Erde.

So fängt Freiheit eine neue Kette von Ursachen und Wirkungen an: Teleologische Finalität macht aus naturgesetzlichen Ursachen und Wirkungen in freien Akten Mittel und Zwecke bzw. Wege und Ziele. Kants Freiheitsdurst ist nur menschliche Herrschsucht über alle Erscheinungen und alle Gefühle, die ihn angeblich nur versklaven statt beleben. Er will kraft selbstgegebenem Sittengesetz und seiner transzendentalen Apriorität die erscheinende Natur samt dem eigenen Naturell beherrschen, statt im Einklang mit ihren Gesetzen zu bleiben wie die Naturvölker. Menschliche Finalität überformt und nutzt die naturgesetzliche Kausalität statt mit ihr zu kollidieren. Freiheit als Naturgesetzesverstoß ist auch sittengesetzlos. Kants Sittengesetz steht im Gegensatz zu und nicht im Einklang mit der Natur und ihren Gesetzen – anders als indigene Nomadenvölker.

Welcher Logik folgt der Mann im Mond hinterm Mond, der den Mund hält, den er nicht verbietet?

Selbstbeherrschung ist oft nur Genuss am eigenen Genussverzicht, ja, selbstverliebter Machtgenuss.

„Weltunergründlichkeit" gilt zu oft als wohlfeiler Grund, gute Gründe gar nicht erst zu suchen.

„Existenzielle Haltung" als opferbereite Treue zu einmal freigewählten Grundsätzen unter erschwerten Bedingungen weigert sich stur, ihre Überzeugungen in herausfordernden Debatten immer mal wieder überprüfen zu wollen.

Heideggers „Seyn" ist die offenbare Seinsvergessenheit der Seinsvergessenheit im „Gestell".

Wer sich zurückzieht in seinen eigenen engen
Blickwinkel, wird zum Winkeladvokaten seiner
Welt. Der kleine „Herrgottswinkel" ist weiter.

Wann geht es aus diesem Wolkenkuckucksheim
wieder zurück auf den Teppich und wann vom
Pisspott auf den fliegenden Teppich zugleich?

Nach gutem Rutsch ins Neue Jahr ist das Gleich-
gewicht gleich futsch. Wer sich nicht fängt, fängt
es vom Boden (der Tatsachen) an.

Spring ab, rutsch aus, fall hin, steig auf : Wer
nicht durchs Leben springt, rutscht nur so durch.

Leben ist auf großen Sprüngen ausrutschen und
Ausrutscher überspringen, ohne zu verrutschen.

Ein leidlich guter Arzt oder Lehrer nutzt anderen
Menschen, ein halbwegs guter Künstler nur, sie
zu verwirren oder immer vor den Kopf zu stoßen.
Die einen verdienen am Dienen, die anderen sich,
nicht gut bedient zu werden.

Wenn ein alter Autor alles zurücknimmt, was
er je geschrieben hat, kann er nicht neu anfangen,
sondern wird wie nie gewesen sein.

Eltern tot, Elke tot, nur „El" nicht und Raphael.

Leben heißt am Nächsten wiedergutmachen, was am Vorigen versäumt wurde, und erwachsen stets verfehlen, was dem Kinde vollkommen gelang.

Nichts außer Aphorismen führt schneller in den Abgrund als Lebenserfahrung mit Lebensweisheiten. Kinderglauben an Binsenweisheiten sind das Geheimnis der Ausnahmen und Außenseiter.

Ist der essayistische Aphoristiker ein Philosoph in der Maske des Taschenspielers (mit dem Feuer) oder umgekehrt in der Denkermaske ein fahrenlassender Spielmann und hermetischer Rebellizist voller Grimassen gegen Massen und Köder mit Widerhakenschlägen und Scharlatantalusqualen – der Metaphysiker im kokelnden Vorgaukler?

Frei nach *Schubert* : „Mich soll der Staat erhalten, ich bin für nichts als Sprüchemachen auf die Welt gekommen."

Scheu vor der Schau der Seher wird über Platons „Wesensschau" zum Abscheu vor schauerlichen Schauspiel-Sophisten des beschaulichen Lebens. Von mythischen Sagen zu logischen Aussagen Dichter zwischen Irren und irrenden Denkern?

Denkanstöße können nur noch vor den Kopf stoßen und gegen Naturgesetze verstoßen.

Liegt die Wahrheit denn im schmalen Feld zwischen Unsinn und Platituden?

Aphorismen wanken bedenklich,
da sie auf Zungenspitzen stehen.

Geduld wird gleichgültige Trägheit,
wenn sie zu viel Ungeduld mit Ungeduldigen hat.

Eher ist die Sache selbst eine vergessene Sprache
als das Bewusstsein ein verständliches Sein.

Bei Baudelaire und Flaubert wird Göttliches
vom Gewöhnlichen versucht und Schönes
eher vom Bösen als vom Heiligen.

Impfen Tragödien uns gegen Schicksalsschläge
durch freiwilliges Leid und Pech?

Gut(artig)e Sprüche als wahrhaft Schönes
und Heiles ohne Geiles und Feiles?

Wer keine Satiren schreiben kann,
hasst ihre Zielobjekte zu tief.

Soll Sprache in der Sache in Fahrt kommen
oder die Sache selbst in der Sprache zur Ruhe?

Geistesblitzeis. Wer noch lebt, der glaubt nicht,
dass Tote den ewigen Tod noch fürchten.

Dir kann nur gestohlen bleiben, was du nicht
verschuldet hast. Nur was du dir dabei gedacht
hast, darf ich dir auch verdenken.

Liebe ist die Weisheit der Welt, dass zwei Leute
die Dummen sind und uns für klug verkaufen.

Politiker verändern in der Welt nie das Geringste,
Aphoristiker im Winzigsten die ganze Welt?

Industrie verwandelt Wünsche, die man nie hatte,
in fertige Süchte, die man nie mehr loswird.

Die See-le ist die Pfütze, die den Himmel spiegelt

Mach an mir wieder gut, was ich dir antat!

Gehen heißt ständig das Bein wechseln,
auf dem man steht.

Aphorismen suchen mit Bedacht
die Wahrheit nur dort, wo sie nie sein kann.

Arme, die zu Gut und Geld kommen, verlieren zu
oft ihre Gaben, verarmende Reiche ihren Charme.

Freiheit wählt nicht zwischen Ein- und Ausatmen.

Darf ein Freund dir schaden,
wenn ein Feind dir nichts nützt?

Zu müde für mündig. Glaubst du,
unglaublich dumm zu sein?

Aphorismen schämen sich ihrer nackten Wahrheit
und schönen Formen in Abgrund und Dachboden.

Unsichtbares widersteht uns mehr als Fassliches.

Quantencomputer entwickeln neue Verschlüsse-
lungen, die sie dann sofort knacken.

Das Himmelreich reicht den Armen den Arm, wo
es den armseligen Bereich der Reichen auslacht.

Der Fromme erklärt den Künstler, der den Wissenschaftler, der den Alltag zur Allnacht erklärt.

Wann erreicht aphoristische Kreativität
ihr Reifealter nach dem Verfallsdatum?

Ein Brauch wird heute durch Pflege verbraucht
und durch unsittlichen Antrag zur Sitte.

Wer wird behaupten wollen, dass der Schöpfer
ausgerechnet mit dir einen Fehlgriff tat?

Sobald Aphorismen die Zulassung zu Kunst und
Kultur erhalten, werden sie dumme Lebensweisheiten und Sprichwörter.

Du bist deine Urenkel,
die sich ihre Großaltern aussuchen.

Von der Hoffnung Gezeugtes geht mit Erinnerungen schwanger und vom Gestern Genotzüch-
tigtes trägt künftige Huren und Vergewaltiger aus

Die Welträtsel suchen sich ihre Löser und Erlöser
selber aus, weil alle Lösungen noch viel größere
Mysterien schaffen.

Inzwischen redet auch schon aus Hegelgegnern
der Volks- und Halbweltgeist.

Als Genie gilt, wer nicht nur in Plagiaten redet,
und als Irrer, wer nur Originelles sagt.

IQ-Tests sind die dümmsten Klugheitsmesser. Du
sollst nicht mal schwören, Verschwörer zu sehen.

Missverständnisse misszuverstehen versteht nicht

Originellstes erschafft Mutter Natur,
ohne Künstlerin zu sein, doch der Künstler nicht,
ohne Natur zu sein.

Kant betritt die Welt mit Ideen
und verlässt sie ohne neue Ideen.

Jasmin duftet ja, wenn sein Dünger stinkt.

Wer seine Frau schlägt und betrügt, schlägt und
betrügt sich selbst, denn beide sind *ein* Fleisch.

Aphoristiker hängen die Welt an den Sargnagel
oder eigenen Fingernagel in der Wand.
Sie entwöhnen der Wohnung und verwöhnen
uns mit außergewöhnlicheren Gewohnheiten.

Revolte wollte nur nörgelnder Sklavensinn sein.

Babys schreien lauter und länger als Greise.

Wer nichts genießen kann,
genießt stärker sich selbst.

Der Wissenstrieb will erkennen,
sein Fehlen muss erkennen.

Wer redet, kann nicht denken, wer schweigt,
muss nicht denken, wer denkt, wird nie handeln.

Swingerclubgründer sind Sünder, nicht gesünder.

Da jeder doppelt so viele Hände wie Köpfe hat,
ist Handeln wohl halb so wichtig wie Denken.

Mein Gedankengebäude besteht nicht aus Steinen
des Anstoßes, die mir vom Herzen fielen.

Sich dem Schreiben verschreiben heißt, das
eigene Treiben an- und abschreiben zu lassen.

Sind Gottverlassene auch bei Gott,
oder sind sie bei Gott auch verlassen?

Liebe : Zwei Abgründe suchen einen Grund.

Philosophie : Liebe zur Sophie vor der Hochzeit
und Freundschaft mit ihr nach der Scheidung.

Der Dienstweg allen Fleisches ist es,
kein ausgekochter Teufelsbraten zu werden.

Was mache ich falsch,
wenn du diese Sprüche magst?

Die Halbwahrheit über die halbe Welt
ist das Viertel, in dem du wohnst.

Die Zwangsmissionierung zum Neuheidentum
bedient sich christlichster Mittel.

Inzwischen ist es schwieriger, ein glücklicher
Hedonist zu sein als leidlich fromm.

Jeder muss heute wider Willen unsterblich sein.

Der Denker macht Spaß, der Dichter macht ernst,
und der Fromme spielt fröhlicher Sünder.

Starke Tugenden, die zur Last werden,
sind nur geschwächte Laster.

Gibt es Leute, die sich weder lieben noch hassen,
weder rügen noch rühmen, ohne sich unsachlich
zu fühlen?

Es wird nicht besser, ehe das Gute verboten
und das Böse verordnet ist.

Kann man gut auch ohne Gott
und böse auch mit Gott sein?

Epik, Dramatik und Lyrik sind Oberschicht,
Mittelstand und Unterschicht der Literatur.
Aphoristiker ist der obdachlose Landstreicher
und arbeitslose Subproletarier der Kunst.

Von griechischer Gnomik zu römischer Satire
war der Schritt vom Sinnspruch zum Aphorismus

Entdecker decken, was sie auf- und zudecken.

Ein Dichter und Denker, der nicht mehr kann,
als er ist, kann und ist gar nichts.

Ein gutes System funktioniert besser
mit Zwergen, ein schlechtes nur mit Helden.

Sich geben ist leutseliger, als andere zu nehmen.

Kopf oder Zahl der Köpfe? Mathematiker
rufen im Weltrestaurant : „Zahlen, bitte!"

Ehrenwort, kein Wort kann man so wörtlich beim
Wort nehmen wie das Wort "Wort" im Anfang.

Kein Dummkopf kann zugleich Holzkopf,
Hohlkopf, Sturkopf und Wirrkopf sein.

Kritische Geister können nur noch inständig
hoffen, das Gegenteil zu sein.

Nur mit Smartphone bist du ganz du selbst
und erfindest dich alt.

Wer nicht fühlen kann und will, muss gehorchen.

Liebe wurde eine Form von AIDS
und Hass eine Abart von Impfung.

Menschen, die niemanden befriedigen können,
helfen jedem besonders gern.

Helden deklamieren Binsenweisheiten,
ihre Opfer schreien Bonmots.

Ich hasse Lügen, die ich nicht brauche,
und liebe Wahrheiten, die ich nicht kenne.

Nimm die Atemluft auf die schwere Schulter
und Gebirge wie Massen für Seifenblasen.

Er ist ein guter Mensch. Man kann nur hoffen,
dass er das nicht auch weiß.

Du tadelst leichter durch übertriebenes Lob
und rühmst sicherer durch ironische Rügen.

Glaubenszweifel sind die besseren Missionare.

Spruch und Widerspruch, Regel und Ausnahme
hassen einander in Notwehr, um nie miteinander
verwechselt zu werden.

Mancher umtanzt sein goldiges Kind
wie das goldene Kalb.

Maikäfer, flieg, dein Vater ist im Krieg ...

Fliegen heißt Siegen in Kriegen und
auf der Straße liegen in Frieden
und das Klima betrügen.

Auch wer sich dauernd beschwert,
kann fliegen. Raketen:
Etwas, das in die Luft geht,
kann selbst in die Luft fliegen.
Kommt er daheim nicht zurecht,
fliegt der Mensch zum Mond.
Tiefsinn bitte nur aus Hochstimmung,
Höhenflug nur aus Erniedrigung!

All unsere Sinne beflügeln und beflügelt
nur das Wunschdenken.
Leben : Wurzeln dürfen keine Flügel
und Flügel keine Wurzeln schlagen.
Leben, Flügelschlag ins Fruchtwasser.

Bildungsreisen sind Gedankenflüge
der Dummköpfe.
Aggression ist der Versuch,
fliegen zu lernen,
indem man in die Luft geht,
die man füreinander ist.

Wer nicht auf Venus fliegt,
muss heute zur Venus fliegen.
Da ist Anfang und Ende der Philosophie:
Du stutzt — anderen die Flügel.
Auch Künstler sind Realisten:
Sie bleiben auf dem fliegenden Teppich.
Auch du kannst fliegen.

Reiß nur deinen Schnabel recht weit auf.
Militärs sind Leute,
denen die gebratenen Friedenstauben
aus dem Munde fliegen.

Sobald Astronauten zum Mars flogen,
gibt es Marsmenschen. Wer nicht
mit beiden Beinen auf der Erde bleibt,
ist aufgestiegen oder geflogen.
Wer nicht besser fliegen kann
als im Flugzeug, schießt auch Vögel ab.

In die Arme sinkt man dem Engel
und fliegt man dem Teufel.
Die Seele sollte schon in den Himmel fliegen,
bevor der Leib ins Grab fällt,
nicht erst nachher.

Der Reiche steuert seine Flugzeuge,
der Arme seinen Himmel bei.
Sex, ein bloßer Amor ohne Flügel.

Wachsen dir Flügel,
bist du im freien Fall.
Vorm Höllensturz bewahren
kleine Engelsflügel besser
als große Raketensprünge.

Wer morgen losfliegt, ist eher da,
als wer gestern loslief.
Wurzeln schlagen keine Flügel
und Flügel keine Wurzeln.
Mit Federn, die man lässt, kann man
schreiben und fliegen zugleich.

Zu hoch fliegende Pläne entfliehen
und entfliegen,
nicht hoch genug fliegende
zerschellen an Schuldenbergen. Alt werden
um den Preis beschleunigten Verfalls,
um ihm geistigen Höhenflug abzugewinnen?

Ich suchte meine ganze Identität
und fand einen fliegenden Flickenteppich.
Der Mensch ist heute so gut, dass er
keinem Flugzeug etwas zuleide tun kann.

Geflügelte Worte:
Gestutzte Gedanken.

Sinn- und Unsinnstifter
Sinnreich oder sinn(bild)lich?

Dein Leben hat einen Sinn – für deine Ausbeuter.

Der Stumpfsinn findet mich stets zu spitzfindig.

Die Wissenschaft kann jeden traditionellen Sinn abschaffen, doch keinen eigenen erschaffen.

Kinderquatsch(machen) ist die geheime Sehnsucht von allem Sinn und Verstand.

Tiefsinn – beredetes Schweigen.

Der *Sinn des Lebens*? Sein Wille geschehe.
Oder wenigstens nicht deiner.

Hat das Leben den Sinn,
Optimisten pessimistischer
oder Pessimisten optimistischer zu machen?

Wer nach dem Sinn von allem fragt,
bittet schon ganz unsinnig um Gnade.

Seit dem *linguistic turn* finden Denker grammatisch richtige Sätze, für die sie dann philosophischen Sinn suchen.

Worte geben Widerworte, auf Satz folgt Gegensatz, auf Sinn Widersinn, auf Macht Gegengewalt. Nuancen brauchen etwas länger.

Sein Ziel zu erreichen ist gut, aber zu nichts gut,
also sinn- und zwecklos.

Poesie und Philosophie haben den herrlichen Sinn
und Nutzen, dass man für Herrschaften sinnlos und
unnütz wird.

Wer den *sechsten Sinn* sucht,
hat an seinen fünf Sinnen schon zu viel.

Flachsinn füllt Täler mit Bergen.

Tiefsinn bitte nur aus Hochstimmung,
Höhenflug nur aus Erniedrigung!

Ist deine höhere Bestimmung der tiefere Sinn
meines oder deines Lebens?

Das Volk weiß von allem viel zu wenig,
um darüber Unsinn reden zu können.

Was einen Sinn hat, erfüllt nur seine Funktion
als Werkzeug für andere(s).

Der Größenwahnsinnige hält den Zweifel
am Sinn des Lebens für Selbstzweifel.

Aufklärung heißt, dass die Kirchen unsere Sinne
beglücken und Atheisten unserem Unglück
einen Sinn geben wollen.

Alles absurd? Nur Naive sehen überall nichts

als sinnlosen Zufall.

'Familienplaner' sind Menschen,
die nur dem Tod anderer einen Sinn geben.

Pflicht zur Wahrheit ist Diktatur,
Demokratie ist Recht auf eigenen Blödsinn.

Der Kopf enthält nichts Übersinnliches,
weil er oberhalb der Gürtellinie sitzt.

Sinnlos ist das Leben erst, das den Geistesarbeits-
platz im Weltall verliert und auf der Milchstraße liegt.

Was hat Freiheit für einen Sinn,
wenn man nicht freier ist als andere?

Das Leben ist der Sinn der Frage nach seinem Sinn
und eine Konzentration auf Ablenkung vom Plansoll.

Kapitalismus heißt : Dein Gemeinsinn nützt dir,
dein Egoismus dient anderen.

Ein Humanist ist ein Mensch, der Gespräche von
Gläubigen mit ihrem Gott auch dann für sinnvoll hält,
wenn es Selbstgespräche sein sollten.

Erektion ist die Aufrichtigkeit des Mannes.
Seine Sinnlichkeit hat Sinn für Höheres.

Demokratien geben Freiheit,
seit sie sinnlos und nutzlos wurde.

Jede Philosophie ist so wahr, dass nicht einmal
ihr Gegenteil falsch ist, und zugleich so sinnlos,
dass nicht einmal ihr Gegenteil mehr Sinn macht.

Ein guter Künstler muss sich eine Welt wünschen,
in der seine Kunst sinnlos würde.

„Der Sinn des Lebens" sucht oft nur
abwechslungsreichsten Zeitvertreib.

Der Sinn des Lebens liegt darin, dass das Nichts oft
noch schlimmer scheint als die Hölle und der Himmel
besser als das Dasein.

Denker verdanken ihren Sinnen Details,
die dem Denken ihren Sinn verdanken.

Welchen Sinn hätte ein Leben,
in dem nichts Sinnloses Platz hat?

Demokratie garantiert mein Recht auf eigenen
Schwachsinn, soweit ich das volle Recht anderer auf
ihren Unsinn nicht verletze.

Der Sinn des kurzen Lebens langweilt nur
den nicht, der überall Widersinniges entdeckt.

Keiner ist der Wahrheit näher,
als wer etwas Grundfalsches denkt.
Die meisten bringen es nur zu halbem Unsinn.

Irre glauben an annehmbare Vernunft,

Vernunftbegabte an schönen Wahnsinn.

Man fürchtet heute lieber die ewige Sinnlosigkeit,
um nicht die ewige Verdammnis fürchten zu müssen.

Dass der Glaube das Leid sinnvoll macht, verhütet die
Vernunft, deren Sinn es ist, den Schmerz zu verhüten.

Von Sinnerfahrungen gibt es gar keine Sinneserfahrungen, und gäbe es nur Sinneserfahrungen, ließe
sich das kaum sinnvoll ausdrücken.

Antworten sind lieber Lügen als Irrtum und Irrsinn.

Gesundes Leben hat keinen Sinn –
für Fragen nach seinem Sinn.

Der Tod macht so viel Unsinn,
dass das Leben keinen Sinn mehr braucht.

Unsinn ist Sinn unterm Mikroskop,
und Sinn ist Unsinn durchs Fernrohr.

(M)ORPHEUS : Untiefen sind seicht wie Tiefsinn.

Philosophen denken sich eine Welt aus, in der unsere Paradoxe so trivial würden wie unsere Selbst-
verständlichkeiten widersinnig.

Der Satz, dass metaphysische Sätze sinnlos sei-
en, ist ein sinnlos metaphysischer Satz. (Auch dieser)

Die Wahrheit besteht im besonnenen Leben darin,
dass man über Unsinniges auch nur Unsinn redet.

Hat das besonnene Leben eher sechs Sinne
als nur einen Sinn?

Sein Sinn geht schneller stiften,
als das Leben ihn selber stiften kann.

In der Hand der Denker wird kein Bleistift mehr
zum Sinnstift.

Wie nah muss der Tod schon sein, um alles Tun und
Vorhaben sinnlos zu machen : 50 Tage oder 50 Jahre?

Das Leben hat den Sinn, dass der Sinn kein
Leben hat : Der Sinn des Lebens ist leblos.

Die Welt hat einen Sinn – nur in einer anderen.

Als die Unterschicht aufsteigen konnte,
gab es nichts Sinnvolles mehr wohin.

Heute gibt es nur noch Sinn ohne Verstand,
also sinnlichen Unsinn.

Sinnvoller als der biedere „Sinnspruch"
ist der bittere Widerspruch im Aphorismus,
der nicht jedem gefallen will.

Schreckliche Vereinfachung heißt heute
„sinnstiftende Komplexitätsreduktion".

Erreichen oder verlieren die harten Qualen
in zarten Zahlen ihren Sinn?

Scharfsinn entwickelte die *Smartphones*,
und Stumpfsinn benutzt sie.

Ist der Sinn des Lebens das nächste?

Lass dich leben und dann dein Leben!

Was sinnvoll passiert, passiert die sechs Sinne.

Das Leben hat den Sinn, den man ihm nimmt.

Was man will, ist sinnlich;
was man nicht will, hat Sinn.

Große Kunst spottet sinnlicher Lust wie verständ-
lichem Sinn, dem Spiel und Sport, dem Schmuck und
der Hygiene.

Geist gilt als das menschlichste Sinnorgan.

Lebenssinn 3.0 : All-inclusive-wellness
mit malerischem Blick auf Elendsviertel
und Kriegsgräuel.

Blödsinn ist Sinn – von weitem.
Sinn ist Schwachsinn – von nahem.

Sinn jeder Tat ist ihre nutzlose Theorie,
Sinn jeder Lehre ist Untätigkeit.

Das Leben hat den Sinn (dafür),
ihn lebendig zu halten.

Der Sozialismus hatte wenigstens den Sinn,
seinen Gegnern den Sozialstaat aufzuzwingen.

Fünf Sinne machen Sinn,
den sechsten für Unsinn,
doch der Sinn des Lebens
ist stets nachprogrammiert.

Was mir nie in die Sinne kommt,
käme mir nie in den Sinn.

Der sechste Sinn ist nur der Einklang
aller fünf Sinne, die man noch beisammenhat.

Geist oder Sinn ist nicht teuflisch,
doch Satan ein Intellektueller,
der die Sinnlichkeit preist.

Es gibt Wahrheit und Wirklichkeit,
Sinn und Selbstbewusstsein,
doch sie sind oft unbewusst.

Hat das Leben eher sechs Sinne als nur einen Sinn?
Opfere dein Leben lebenslang oder lebenslänglich
dessen Sinn!

Logik ist sinnlos weil realitätslos, Wirklichkeit ist
unsinnig weil unlogisch. Gott ist der *Sinn allen Sinns*
und der himmlische Nutzen alles Unnötigen.

Zwei Double-Drabble

Ritterschlagworte

Der Ritter war ein christliches Ideal des europäischen Mittelalters, ein jederzeit einsatzbereiter Kämpfer für seinen Herrscher, ritterlicher Beschützer der Witwen und Waisen und der angebe(t)teten Burgfräuleins in ihren keuschen Kemenaten. Der für Verdienste vom König zum Ritter Geschlagene gab sich nicht geschlagen, hatte auch seither einen Schlag seitwärts, aber bei hochmögenden Damen, war kein Knappe mehr, doch immer noch Diener, ritt hoch zu Ross sein (weibliches) Steckenpferd, dem er gleichzeitig zu Füßen lag. Am Ende degencrierte er zum marodierenden Raubritter, der sich so durchschlug, bis seine klobige Eisenrüstung den neuen Schusswaffen erlag und er zum *Chevalier galant* entartet war.

Ehrenpodex

Viel Todfeind, viel Ehrfurcht, denn Ehre geht vor
Held und Blut, aber Lehre, wem Ehre gebührt!

Mann hat Ehre in seinem Weibe, doch Leib ohne Ehre ist auch nicht tot. "Ohne Geld ist die Ehre nur eine (Geistes-)Krankheit", schrieb der Hofdichter Racine in seinem Leidenschaftslabor. Heute heißt es eher : Lieber in Schande leben als in Ehren sterben. Ja, Jesus riet : Es bringt zu Ehren, sich nicht zu wehren. Bettschulden sind Ehrenschulden, und Ehrfurcht ohne Furcht ist wie Ehrgeiz ohne Geizreiz, wenn Ehrsucht zu anonymen Ehrlosen geht. Wer Ehre einlegen will, muss die Schere von seiner Mähre weglegen.

178

Sie gab ihm einen Strandkorb

Auf Sand am Strand hat mancher keinen festen Stand. Gilt dort mehr Verständnis für Verstand als der Mittelstand voll Wohlstand? Dort geht manche oder mancher baden mit der dicken Wampe oder unter diesen vielen schönen nackten Leibern unter. Auf einen Adonis kommen zehn Tersites.

Welches Land hat mehr *Cant?* Land voller Sand ist bekannt als Strand an der Waterkant, doch George Sand mit Cunt auf Immanuel Kant ist eklatant am Rand der Schand. Setzt nicht den Kant-Band und das Kantband-mit-der-Sand in Brand! Nur ein Fant oder Elefant schmiert mit der Hand diesen Schmand an die Wand.

Ist soziale Gerechtigkeit nur Sozialneid?

Mancher wird um sein Glück beneidet,
ist aber nur glücklich, weil er beneidet wird.
Kunstgenuss beneidet den Künstler
und genießt die Qual, die es ihn kostet.
Die Suche nach dem, was keiner hat und je hatte,
kann Flucht vor dem Neid sein.
Neidlos wird vor allem, wer sich überlegen dünkt.
Der Dritte Stand beneidet die Hungrigen der Dritten
Welt um ihre *authentischen Extremerfahrungen.*
Du liebst deine Neider und hasst, wen du beneidest.
Schadenfreude gilt als einziges Heilmittel gegen Neid,
Neid auf Beneidenswertes schuf Recht und Gesetz.
Wer der Jugend ihre Weisheit neidet,
missgönnt auch Greisen ihre Kraft.

179

Hast du Krach mit dem, der Krach macht?
Laut, lauter, am lautersten : Dezibellissima

"Ruhe ist das erste Bürgerrecht." (Johannes Gross)

„Das Wort Lärm stammt vom italienischen *all'arme*, ´zu den Waffen´, und ist mit ´Alarm´ verwandt." (Wikipedia) Der vielberedete „Klimawandel" z. B. löst gern Panik-Alarmismus aus, der jede vernünftige Lösung unmöglich macht – und ja vielleicht auch machen soll.

„Lärm ist das Geräusch der anderen." (Tucholsky) Was der eine als herrliche Musik genießt, perhorresziert der andere als störenden Krach. Von Lärm wird gesprochen, wenn Hörbares als unangenehm, zu lautstark und lästig empfunden und abgewehrt wird. Wer viel Lärm macht, will oft auf sich und seine Sache aufmerksam machen, denn die umbuhlte öffentliche „Aufmerksamkeit ist heute ein rares Gut". Der Lärmpegel heutzutage besonders in Metropolen wird bereits als gesundheitsschädliche Lärmverschmutzung zusammen mit Smog und Feinstaubbelastung genannt. Sie destabilisiert mit ihrem Dezibelcanto den Biorhythmus vieler hilflos ausgelieferter Bürger.

Hetze und Krach sind das Erkennungszeichen des gutdressierten Zeitgenossen, nicht etwa denkfaule Trägheit des *Ohnemichel*. Ruhe und Stille sind überaus rare Ressourcen geworden, die inzwischen teuer kommen und selbst den Reichen kaum noch erreichbar sind. *Ohropax*-Stöpsel im Ohr markieren nur ein Problem, dessen Lösung sie schon sein wollen.

Gesellschaft heißt heute : Getöse und Affenspektakel, Heidenlärm als Höllenkrach, viel Tamtam und Trara, Trubel und Tumult, Radau und Rabatz, ja, Krawall, Krakeel und Klamauk.

Die Lärmsüchtigen von heute suchen ohrenbetäubende Diskos auf, wenn sie das Maschinenstampfen der Fabrikhallen nicht mehr hören, und wundern sich dann über permanente Schlaflosigkeit, die nur durch suchtfördernde Sedative bekämpft werden kann, um die Arbeitsfähigkeit nicht einzubüßen. Infernalischer Straßenlärm, knatternde Stink-Autos, konsumfördernde Supermarkt-Industriemusik, die Dauerbeschallung durch Radio, Musikanlage und Fernseher wollen jeden klaren Gedanken verhindern und sind damit sehr erfolgreich. Sogar gegen chronische Lärmbelästigung wird lärmend Alarm geschlagen. Inzwischen ist selbst jede gutgemeinte Information und sachliche Nachricht schon nur noch Krach, den man mit dem hat, der Krach macht.

Und den meisten akustischen Terror macht natürlich jener, der dazwischen ständig „RUHE!" schreit. Denn Mucksmäuschenstille im Haus gellt uns trommelfellzerreißender im Ohr als jeder Presslufthammer der Straßenarbeiter. Lärmschutzbestimmungen sind gut, aber Gesetze gegen Totenstille noch wünschenswerter. Außer auf dem Friedhof.

Mit viel Ach und Krach
Bringt jedermann sein Sach'
Unter Dach und Fach.
Mit viel Lärm in Gedärm
hält er uns in Schach:
Lach und mach uns wach!

Musik ist ein Lärm,
der nur die Unterhaltungen stört.

Lärmtoleranztraining: Gehörerziehung zum Gehorsam
gegen Befehlston, der von der Realität ausgeht.

- - -

Gestern konnte ich noch nicht, heute will ich
nicht, morgen soll ich, und übermorgen muss ich.

Wer das Himmelblau anhimmelt.
übersieht das Grasgrün wie Giftgrün.

An deinen Schwächen fallen mir nur
die stärkeren Formen meiner eigenen auf.

Schein muss wie Sein auftreten,
um als Schein zu wirken, und umgekehrt.

Videotek und Mediathek statt Bibliothek?

Sach- und Fachbücher und "Schöne Literatur" will man um sich haben wie gute Freunde für das ganze Leben, ernste wie heitere. Die erprobtesten lassen uns nie in Stich, unterhalten uns verlässlich aufs Trefflichste und bereichern ständig unser Wissen um Welt und Leben. Jede Stimmung und Laune findet dann reiche Auswahl an griffbereitem Gespräch mit klugen Besuchern oder gutgelaunten Toten. Dazu muss man nicht einmal seine Wohnung verlassen. Ein Buch im Haus ist umso besser, je häufiger es sich lesen lässt und einem immer neue Vorzüge und Schönheiten enthüllt. Wer kann in seinem Heim schon Tausende von diskreten Besuchern beherbergen, die niemals lästig fallen, weil man sie jederzeit ungestraft zum Schweigen bringen, verabschieden oder rauswerfen kann? Und die besten sind amüsanter, geistreicher und gescheiter als jeder Lebende aus unserem Bekannten- und Verwandtenkreis.

Nach jedem Jahrzehnt spätestens sollte man seine Privatbibliothek umschichten, da bisherige Lieblingswerke dann doch auffallend nachgelassen haben. Bücher, die man vermutlich nie mehr wiederlesen wird, gehören beherzt weggeschenkt, um Platz zu machen für neue favorisierte Staubfänger.

Eine mit den Lebensjahren wachsende Privatbibliothek im Eigenbesitz ist aber zumeist eine imposant verstaubende Büchersammlung, die niemals benutzt wird. Der Bildungsbürger, den es gar nicht mehr gibt, kauft sich immer neue hochwertige oder hochpreisige Bücher, bis alle Zimmer mit vollen Buchregalen tapeziert sind und die Statik des Hauses bedroht ist. Die Lektüren, welche der Inhaber wohlgemut auf sein Rentenalter verschiebt, würden für vier Leben von Leseratten reichen. Kurz vor dem fälligen Umzug ins enge Pflegeheim werden die platzraubenden Schätze dann überstürzt entsorgt. Da keine angesprochenen Antiquariate und öffentlichen Büchereien Interesse zeigen, weil sie selber überquellen, wandert der ganze ungelesene Schamott unter Wehklagen und schlechten Gewissens kurzerhand zur Müllverbrennungsanlage. Das nennt sich prestigeträchtiges Geistesleben.

Ein an Hochkultur interessiertes Unterschichtkind kann sich keinen Bücherkauf leisten und nutzt dankbar die kostenlosen städtischen Leihbüchereien, die zuweilen erstaunlich gut bestückt sind. In ländlichen Gebieten allerdings sieht die geistige Grundversorgung des Unterprivilegierten deplorabel aus. Er muss wie Jean Pauls Schulmeisterlein Wutz aus Auenthal sich seine Bücher dann notgedrungen schon selber schreiben.

Eine staatlich finanzierte Bücherei sammelt und archiviert „Informationsträger", angekaufte Printwerke wie zunehmend auch Online-Produkte und E-Books, um sie Benutzern zur befristeten Ausleihe meist gratis zur Verfügung zu stellen. Heideggers teures „Sein und Zeit" hätte der Gymnasiast, der ich einmal war, sich niemals selber leisten können, auch wenn er sein schmales Taschengeld monatelang daraufhin gespart hätte. Leider musste das schwierige Werk stets schon nach zwei Ausleihverlängerungen zurückgegeben werden, bevor es recht ausstudiert war.

Auch die Deutsch-Amerikanische Reeducation-Bibliothek, welche freundliche US-Bürger nach dem letzten Weltkrieg in meiner Heimatstadt eingerichtet hatten, wurde lange überaus dankbar frequentiert. Sie machte die Ausgehungerten damals mit lang entbehrten neuen Autoren wie Faulkner und Dos Passos, Sartre und Butor, Pavese und Moravia bekannt.

Auch heute lesen Heranwachsende noch, allerdings nicht mehr waschechte Bücher, Camus oder Joseph wie Philip Roth, sondern ich weiß nicht was im Internet. Gibt es schon Literaturnobelpreise für Manga-Comics und andere Kopfverstopfer?

Selbst der Lesesaal von heutigen Hochschulbibliotheken liegt meistens verwaist, heißt es. Unter Studierenden kursieren fertige Schmalspurkopien von Fachbuchextrakten, zugeschnitten auf eilige Bologna-Studiengänge. Die akademische Freiheit wird nicht mehr genutzt zu geistigen Abenteuern auf kultivierenden Umwegen.

Heute trage ich in der Sakkotasche mit mir herum einen kleinen taschenbuchgroßen E-Book-Reader, der gutsortiert ganze Schrankwände voller gespeicherter Bücher enthält, auch Hunderte von oft kostenlosen

Klassikern, allzeit lesefertig mit verstellbaren Schrift-
arten und Schriftgrößen. Da werden ganze Gesamt-
ausgaben von Weltklasse-Autoren für nicht mehr als
einen einzigen Euro verschleudert, weil offenbar niemand sonst zugreifen würde. Der kompakte Geist liegt
umsonst auf der Straße herum, wird uns noch nach-
geworfen, und niemand bückt sich auch nur. Nichts
charakterisiert den schwachsinnigen Zeitgeist entlar-
vender. Denn was taugt solch ein akku-technisches
Wunderwerk, wenn es nur Schrott-Schmonzetten und
literarisches Junkfood birgt statt wenigstens Dickens
und Tschechow, Moliere und Shakespeare, Hölderlin
und Wieland, Hegel und Adorno, um eitles name-
dropping nicht weiter zu strapazieren.

Heute sind Bibliotheken weitgehend ersetzt durch
Videotheken, Bücher durch Filme, schwarze Buchstaben durch bunte Bildchen, also anspruchsvolles Lesen
durch tumbes Glotzen, alles garniert mit kindischem
Stummeldeutsch auf Sprechblasenniveau, zunehmend
von KI in Massen produziert im Sekundentakt. Das
Ergebnis ist dann auch danach. Ein Bonbon ohne
Bonmot ist rasch folgenlos aufgelutscht, pffffftt, und
dann ist das Leckerli schon weg auf Nimmerwieder-
sehen. Grundbuch und Scheckbuch und Reisebuchung
regieren.

Ist der Bibliothekskatalog ein Buch, das zur Bibliothek gehört, muss er auch sich selbst aufführen. Dann
ist aber ein Meta-Katalog nötig, der die ganze Bibliothek plus ihren ersten Katalog enthält, und so weiter,
oder? Kurz : Jede noch so kleine Bibliothek ist unend-

lich groß. Und der wahre Bibliophile weiß nachtwand-
lerisch sicher, wo jedes Buch auch in seiner ungeord-
neten Bibliothek steht.

"Nicht ohne Ursach´ ist das:
Auf Bücher ich mich stets verlass,
Von Büchern hab ich großen Hort,
Versteh ich selten auch ein Wort,
So halt ich sie doch hoch in Ehren:
Will ihnen gern die Fliegen wehren.
Wo man von Künsten reden tut,
Sprech ich : »Daheim hab ich sie gut!«
Denn es genügt schon meinem Sinn,
Wenn ich umringt von Büchern bin.
Von Ptolemäus wird erzählt,
Er hatte die Bücher der ganzen Welt
Und hielt das für den größten Schatz,
Doch manches füllte nur den Platz,
Er zog daraus sich keine Lehr.
Ich hab viel Bücher gleich wie er
Und lese doch nur wenig drin.
Zerbrechen sollt ich mir den Sinn,
Und mir mit Lernen machen Last?
Wer viel studiert, wird ein Phantast! "

(Sebastian Brant : "Das Narrenschiff", 1494, Anfang)

Lauwarm zwischen heiß und kalt?
Ist die Kälte der Kelten der Hit der Hitzköpfe?

Mulier calida ist nicht frigide, sondern ein heißes Weibsstück. So narrt uns die Sprache.

Man spricht metaphorisch von heißen Herzen und kühlen Köpfen, aber auch vom Hitzkopf und vom „Kalten Herz" bei Hauff, vom heißblütigen Draufgänger und kaltblütigen Mörder. Alt wird kalt, und junges Herz ist heiß, das Haupt vom Greis wird weiß.

Lebende sind warm, Tote sind kalt. Verträgt sich kühler Verstand mit Warmherzigkeit oder ein heißes Herz mit Kaltblütigkeit? Und es gibt wärmere Farben und Töne wie Orangerot und kühlere Farben wie das Himmelblau.

Die Literaturgeschichte kennt kühle Temperamente wie Paul Valéry mit seinem reinen Kopfmenschen „Monsieur Teste" oder heißlaufende Gemüter wie Heinrich von Kleist mit seiner rasend gefühlsverwirrten Penthesilea, die den zum Fressen heißgeliebten Todfeind kalten Stahls bekämpft. Dantes "Göttliche Komödie" zeigt mit dem Führer Vergil die menschliche Tragödie, aber im Inferno sind die Verdammten in ihrer finsteren Höllenglut interessanter gezeichnet als die Seligen im Paradiso.

Die europäische Grübelgeschichte kennt eher kühle Denker wie Erzlogiker Spinoza und hitzköpfige Geister wie Tathändler Fichte. Man könnte eine Philosophiegeschichte schreiben als ständigen Kampf nicht zwischen Idealismus und Materialismus, sondern zwischen kühlem Denken und hitzigem Handeln, zwischen eisgrauer Theorie und blutroter Praxis. Aristoteles bevorzugte das nur beschauliche Leben (Vita contemplativa) des bíos theoretikós, obwohl er durchaus noch heute wirkungsmächtige Beiträge auch zur praktischen Philosophie lieferte. Aber auch er wollte Herrscher wie den mazedonischen Alexander zu großen „Philosophenkönigen" machen wie sein Lehrer Platon (der in die Sklaverei verkauft wurde und von reichen Verwandten teuer ausgelöst werden musste, als er dem Tyrannen Dion von Syrakus als weiser Berater immer lästiger wurde).

Der platonische Eros befeuert die Liebe zu einer Dirne namens Sophie, aber altgriechische Pädophilie galt eher den warmen Brüdern und Homophil(o-soph)en, wo der Erast hinter dem Eromenos her ist. Platonismus steigt auf von warmen schönen Leibern zur kühlen Idee von deren Schönheit selber.

Das biblische „Erkennen" : Kühles Betrachten und Denken oder heißes kopfloses Handeln (und Köpfen)?

Ein Stoiker wie Seneca wollte Herrscher wie Nero politisch beeinflussen, der ihn am Ende zum Selbstmord zwang. Ein Hedonist wie Epikur zog sich unter Frauen und freigelassenen Sklaven in seinen philosophischen Garten zurück mit der Edellosung „Lathé biósas!" (Lebe im Verborgenen). Rationalist Descartes wollte die schwedische Königin Christine wie

189

Rationalist Leibniz die preußische Königin Sophie Charlotte philosophisch indoktrinieren, um durch Denken Politiker zu lenken. Rationalist Spinoza zog sich aus allen weltlichen Geschäften und Händeln ins weltliche Kloster seiner Studierstube zeitlebens zurück. John Locke beeinflusste die Wirtschaftsliberalisten im britischen Händlerstaat, Thomas Hobbes lehrte den "sterblichen Gott", den „Leviathan" Staat, der Schutz gegen Gehorsam der Bürger tauschte.

Die großen deutschen Idealisten Kant und Fichte, Schelling und Hegel waren gespalten. Kant forderte nur kalte preußische Pflichterfüllung und den bürgerlichen Wettstreit unter republikanisch „ewigem Weltfrieden"., während der deutschnationalistische Idealist Fichte seine „Wissenschaftslehre" auf hitziges „Tathandeln des Ich" aufbaute. Schelling mutierte in seinem langen Leben vom glühenden Verteidiger der Französischen Revolution zum katholischen Denker des kalten Metternich-Staates. Während der trockene Hegel vom (napoleonisch ermäßigten) Heißsporn des Jahres 1789 sich entwickelte zum abgekühlten konstitutionellen Erbmonarchisten Reformpreußens (das erst zwanzig Jahre nach seinem Tode Realität wurde).

Sein linker Schüler Marx allerdings machte mit der Dialektik, der zündenden Vereinigung von Feuer und Wasser, der Geschichte wieder mal Dampf. Nicht nur die gerade erfundene Dampflok der Industriekapitalisten nimmt da Fahrt auf, sondern auch diese Ausbeuter müssen sich nun warm anziehen, seit die Unterdrückten aller Länder ihnen kräftig einheizen. Revolutionäre zündeln, Höllenmaschinen fliegen, die Vita activa überschlägt sich hyperaktivistisch, und das Licht der Vernunft will zum gierigsten Freudenfeuer werden, indem eine Epoche verbrennt, damit Brandneues entsteht. Kann Bismarcks schwarze Feuerwehr den roten Flächenbrand rechtzeitig "sozialstaatlich" ersticken?

Schopenhauer hat von Natur ein helles heißes Herz und weiß es durch eine kalte schwarze Philosophie vorm Untergang zu bewahren. Mit ihm ist alles Feuerwerk vorbei. Er sieht die Menschen als Stachelschweine, die sich aneinanderdrängen, um sich zu wärmen, aber dann doch abgekühlt auf Distanz gehen, wenn die spitzen Stacheln sie im Fleisch brennen: Brutwarme Gemeinschaft der Herdentiere als ungesellige Geselligkeit. Sein Werk wird wie das seines renitenten Schülers Nietzsche zum Lagerfeuer der Künstler bis heute. Der Staat ist für den ewig kränkelnd geisteskranken „Lebensphilosophen" Nietzsche „das kälteste aller Ungeheuer", und seine homophil(o-sophisch)e Liebesglut gilt wieder altgriechisch den verbotenen schönen nackten Jünglingen an Italiens warmen Sonnenstränden.

Ganz wie bei seinem homophil(osophisch)en Antipoden Wittgenstein, Urahn der bis heute weltweit führenden „Analytischen Philosophie" der Angelsachsen. Dort triumphiert die neue Eiszeit des professionellen Denkens mit einer ganz logi(sti)schen Winterpretation der Welt im Ganzen. Die Eiskristalle der sprachtheoretischen Logikkalküle überziehen da alles, was ihnen in die Finger kommt. Dicke mathematische

Gletscher legen sich auf die Welt, die nun im analytischen Gefrierfach des Uni-philosophischen Kühlschranks überwintert.

Etwas weniger radikal ist der studierte Mathematiker Husserl, dessen phänomenologisch „reine Wesensschau" zwar wieder nur platonische Ideen aus warmen Körpern aller Objekte herausliest, aber dann durch Existenzphilosophen Feuer unter den Hintern bekommt. Der süddeutscheste Heißsporn Heidegger verbrennt sich die Schreibfinger dann rechtssozialistisch, der Pariser Aktionist Sartre spiegelbildlich linkssozialistisch. Von allem bleibt nur ein kalter Haufen Asche, aus dem kein neuer Vogel mehr steigt.

Fazit : Wenn die kühle Besonnenheit des Denkers sich in die Hitze der politischen Kämpfe wagt, wird er kopflos und aus dem klugen Kopf ein größerer Dummkopf als jeder gewöhnliche Sterbliche. Ist der goldene Mittelweg zwischen den Extremen Kälte und Hitz ihr rhythmischer Wechsel oder das Lauwarme?

Wird glühende Liebe, die eiskalte Duschen erhält, stahlhart?

Die Liebe erkaltet nicht,
Mutter Erde erwärmt sich für uns.

Motivieren heißt anfeuern, ohne einzuäschern.

Jeder Tropfen auf dem heißen Stein der Weisen
trägt bei zum Nebel im Leben.

Heiße Eisen werden nur mit kalten Eisen angepackt.

Die nicht kaltsinnig misshandelt werden,
werden liebevoll missbraucht.

Was für den Willen nur kaltes Licht,
ist für das Wissen dunkle Wärme.

Weltklimaziel gegen die energiesparende Erderhit-
zung: Neue Eiszeit und Kalter Krieg, mehr coole Kids
und frigide Frauen.

Unsere Industrie bekämpft Erderwärmung
durch soziale Kälte.

Forscher empfehlen nun wärmstens kältere Gletscher.

Das Licht der Welt erhellt,
das Licht der Vernunft wärmt.

Ketten klirren wie die Kälte,
Freiheit kocht wie die Volksseele.

Leben heißt : Man hütet das Feuer
und sich vor ihm zugleich.

Gebranntes Kind scheut das Feuer:
Nur Schißhasen haben Erfahrung.

Die Hölle ist ein Totenreich ewiger Finsternis und
ewigen Feuers zugleich. Man sieht nichts und brennt,
man hat Entzündung durch Erkältung.

Dialektik heißt ja, dass die Vereinigung
von Feuer und Wasser uns Dampf macht.

Geistesblitze : Mündigkeitsfeuer aus Lebensläufen.

Langeweile : Hölle im Himmel. – Tränenmeer:
Himmel und Feuerwasser im Höllenfeuer.

Wo Weihrauch ist,
kann auch (erloschenes) Freudenfeuer sein.

„Heiß, heiß!" ruft man, wenn du einem versteckten
Etwas nahekommst. "Ganz kalt!" ruft man, wenn du
dich davon wieder entfernst.

Wie hängen nun Temperamente und Temperaturen
zusammen zwischen kochend heiß und bitterkalt?

Sekundärliteratur zum Aphorismus

Gerhard Neumann (Hg.): „Der Aphorismus.
Zur Geschichte, zu den Formen und Möglichkeiten
einer literarischen Gattung", Darmstadt 1976

„Ideenparadiese. Untersuchungen zur Aphoristik von
Lichtenberg, Novalis, Friedrich Schlegel und Goethe",
München 1976

Peter Krupka: „Der polnische Aphorismus",
München 1976

Hans Peter Balmer: „Philosophie der menschlichen
Dinge. Die europäische Moralistik", Bern 1981

Harald Fricke: „Aphorismus", Stuttgart 1984

Gisela Febel: „Aphoristik in Deutschland und Frank-
reich", Frankfurt/Main 1985

Klaus von Welser: "Die Sprache des Aphorismus",
Frankfurt/M. 1986

Heinz Krüger: „Über den Aphorismus
als philosophische Form", Frankfurt/M. 1988

Werner Helmich: „Der moderne französische
Aphorismus", Tübingen 1991
Stefan Fedler: „Der Aphorismus. Begriffsspiel zwi-
schen Philosophie und Poesie", Stuttgart 1992

Paul Geyer / Roland Hagenbüchle: „Das Paradox",
Tübingen 1992, Würzburg 2002²

Thomas Stölzel: „Rohe und polierte Gedanken. Studien zur Wirkungsweise aphoristischer Texte", Freiburg 1998

Lada Lubimova: „Struktur und Funktion des Aphorismus : eine textlinguistische Studie", Bremen 1998

Robert Zimmer: „Die europäischen Moralisten", Hamburg 1999

Michael Esders: „Begriffs-Gesten. Philosophie als Kurze Prosa von Friedrich Schlegel bis Adorno", Frankfurt/Main 2000

Rüdiger Zymner: „Aphorismus", In: Kleine literarische Formen in Einzeldarstellungen, Stuttgart 2002

Friedemann Spicker: „Kurze Geschichte des deutschen Aphorismus", Tübingen 2007

„Die Welt ist voller Sprüche. Große Aphoristiker im Porträt", Bochum 2010

Rolf Friedrich Schuett : „Aphorismus – Philosophischer Gehalt in literarischer Gestalt", 2019

Philosophische Grundbibliothek

Chuang-tsi: „Das wahre Buch vom südlichen Blütenland"

L. Annaeus Seneca : „Briefe an Lucilius"

Michel de Montaigne : „Essais"

Imm. Kant : „Grundlegung zur Metaphysik der Sitten"

S. Maimon : „Versuch einer neuen Logik … " (1794)

G. Fr. Hegel : „Phänomenologie des Geistes" / „Ästhetik"

Arthur Schopenhauer : „Aphorismen zur Lebensweisheit"

Friedrich Nietzsche : „Menschliches, Allzumenschliches"

Nicolai Hartmann : „Das Problem des geistigen Seins"

Hedwig Conrad-Martius : „Der Selbstaufbau der Natur"

Th. Adorno : „Minima moralia" / „Ästhetische Theorie"

Jean-Paul Sartre : „Der Idiot der Familie"

Hermann Schmitz : „Der unerschöpfliche Gegenstand" /
      „Der Weg der europäischen Philosophie"

I.M. Bochenski / A. Menne : „Grundriss der Logistik"

Hans Blumenberg : „Wirklichkeiten, in denen wir leben",
      „Die Vollzähligkeit der Sterne"

Weiterführendes vom Autor

Wer fällt, gefällt – *Aus dem schönen Leben des Gebrauchsdenkers Ingo K.* (Satirischer Roman)

Hilfsbedürftige helfen mehr – *Nachromantische Konstellationen von Kunst und Philosophie*

Mann und Frau machen sich frei – voreinander und voneinander : Geschlechterkrieg oder Klassenkampf?

Vom aufgeklärten Verstand zur idealistischen Vernunft? – *Verhältnis von Religion und Philosophie bei Hegel*

Was leichter fällt, wiegt noch nicht schwerer: *Antworten stellen Fragen – wie Verbrecher*

Sadisten sagen immer die Wahrheit und wahr – *Philosophischer Minimalismus oder literarische Blitzmystik*

Aufzeichnungen aus dem Mauseloch – *Bruchstücke einer kleineren Konzession*